イノベーション・マネジメント

長内 厚／水野由香里／中本龍市／鈴木信貴 [著]

ベーシック＋プラス
Basic Plus

中央経済社

はじめに

　イノベーションという言葉を聞いたことはあるでしょうか。ニュースや新聞などでなんとなく聞いたことがあるかもしれません。企業も「新しいイノベーションを興す」ということを盛んにいいますし，かつては政府にもイノベーション担当大臣という役職があり，現在でもイノベーションは内閣の重要課題のひとつになっているほどです。本書は，この「イノベーション」というものがなにもので，企業の経営にどのような役割を果たすのかを解説する入門テキストです。

　すでにイノベーションという言葉を聞いたことがある人は，なんとなく「技術的な新しい何か」ということを連想されるかもしれません。技術もイノベーションの大切な要素ではあります。しかし，本書を読み進めていくと，イノベーションとは決して技術だけの話ではないことがわかります。皆さんを，これから，その世界に誘います。

▶本書の学び方

　本書では，文脈や「ストーリー」を意識しています。そのため，最初から1章ずつ読み進めてもらうことで，より深いイノベーションに関する理解につながっていくと私たち筆者は考えています。また，私たちは，一般的な経営学の各トピック（例えば，歴史や組織，戦略，新製品開発，サービスといった経営学の個別のテーマ）をイノベーションという「軸」で整理することも意識して執筆しました。それぞれの経営学のトピックが，イノベーションの文脈で理解すると，どのような経営学の理解に結びつくのかという視点でこのテキストを作ってきたのです。

　「ベーシック＋（プラス）」シリーズは，どのテキストも同様の構成を取っています。まず，各章の冒頭に学ぶべきポイントを Learning Points とし

て示しています。これは，それぞれの章の筆者の，「この点を意識して読んでください」という読者の皆さんに対するメッセージです。皆さんがそれぞれの章を読み終えた後，この Learning Points に振り返って，1つ1つのポイントについて，皆さんなりに答えられるようになっていれば，その章を理解したということを意味します。

　また，Learning Points に続いて，Key Words を示しています。これは，それぞれの章で出てくる重要な用語・単語を選んでいます。これらの用語・単語は，是非，読者の皆さんに覚えてもらいたいと思っています。本文中の文字のゴシック体で表記している部分に関しては，Key Words で示した用語・単語と，皆さんに注目してもらいたい用語・単語を表しています。参考にしてください。

　さらに，各章の本文の後には，「Working 〜調べてみよう」と「Discussion 〜議論しよう」という問いかけを，読者の皆さんにしています。各章をより深く理解するための調べごとや，各章のテーマに関する多様な現象を分析して複数名（一緒に授業を受講する仲間やゼミ生らと）で議論することを通して，皆さんなりのイノベーションに関するものの見方や分析の視点を獲得する機会につなげてもらえればと思っています。

　そして，各章の本文の後に示している「さらに学びたい人のために」には，比較的入手しやすい，そして，イノベーションに興味を持った読者の皆さんにぜひ手に取って読んでみてほしい文献を紹介しています。この文献リストは，経営学関連の授業でのレポート課題にも役立つはずです。

　「参考文献」については，私たち筆者がそれぞれの章を執筆するのに参照した文献を載せています。参考文献のなかには，難しい文献や英語の文献も含まれていますが，執筆者である大学教員が，テキストや論文を書く時に読んでいる文献でもあるので，注目してみてください。「イノベーションを研究している先生（このテキストを活用している講義担当の先生）たちは，このような文献を読んでいるんだ」と，皆さんの参考になるかと思います。

▶謝辞

　最後に，このテキストの執筆を勧め，きっかけを作ってくださった，早稲田大学大学院経営管理研究科の根来龍之教授と，本書の刊行まで粘り強くお付き合いいただいた株式会社中央経済社学術書編集部の納見伸之編集長，市田由紀子編集長に深く御礼を申し上げます。また，本書は，長内の呼びかけに快く応じてくれた3人の共著者との共同作業でした。当初のスケジュールより大幅に遅れてしまいましたが，その主要因の長内の遅筆を最後までサポートしてくれた共著者の先生方にも併せて御礼を申し上げます。

　2021年春

　　　　　　　　　　　　　執筆者を代表して　長内　　厚

　　　　　　　　　　　　　　　　　　　　　　水野　由香里

第 3 章　イノベーションの源泉────────────────043

第 **1** 章 イントロダクション

Learning Points

▶ イノベーションとは何かについて理解します。

▶ イノベーションとインベンションの違いについて理解します。

▶ 本書で扱うテーマと狙いを概観します。

Key Words

イノベーション　インベンション　経済的成果　価値　シュンペーター・マークI
シュンペーター・マークII　新結合　ブルー・オーシャン

1 / イノベーションとは

1.1 イノベーションの定義

イノベーションと言えば，一般的に「技術革新」と訳されることが少なくありません。技術革新と書かれると，新しい素材や技術，製法，製品，サービスを創り出すことなどを想起するでしょう。

しかし，新たに生み出されたこれらの**アウトプット**そのものすべてが，市場に受け入れられ，消費者の購買行動に結びつくとは限りません。企業が満を持して発売した製品が思ったほどの売れ行きを見せず，不発に終わるということも少なくありません（自虐的ですが，私たち執筆者が書く出版物もまた同じでしょう）。すなわち，新たに生み出された企業のアウトプットの成否を判断するのは，社会や市場に支持されるかどうかに依存すると言っても過言ではないのです。

それでは，どのようにイノベーションを定義すべきでしょうか。本書では，

イノベーションを「**経済的成果**をもたらす革新」と定義します。革新的かつ新たに生み出された素材や技術，製法，製品，サービスが経済的成果に結びついてこそ，イノベーションと言えるのです。

しかし，この定義を採用するにあたって，2つの点に留意する必要があります。1つ目の留意点は，「経済的成果」は，必ずしも金銭的利益だけを意味しているわけではないということです。経済的成果には，社会に対する便益も含まれています（そのような意味からは経済的成果というよりも「社会的成果」という表現もできるかもしれません）。すなわち，この定義には，可視化しにくいさまざまな観点からの「**価値**」というニュアンスが含まれているのです。この「価値」というものの本質は何であるのか，そして，「価値」に付随する議論の詳細については，第13章で説明します。

2つ目の留意点は，経済的成果をもたらすまでの期間について言及していないことです。すなわち，どのタイミングで経済的成果をもたらすことができるのかについての議論を含んでいないということです。

なぜなら，極めて長い時を経て，失敗を繰り返しながらも，諦めることなく続けた結果，イノベーション，すなわち，「経済的成果をもたらす革新」を遂げてきたという事例も世の中に数多く確認することができるからです。ここから，イノベーションの取り組みを途中で終わらせてしまうと，「**失敗**」ということになりますが，失敗を糧に思考錯誤を続けていることは，「失敗」にはならないということが明らかになるのです。

世界的に知られている発明家のエジソンによる「私は失敗したことがない。ただ，1万通りのうまくいかない方法を見つけただけだ」という発言は，それを端的に表しています。

1.2　イノベーションとインベンションの違い

本書では，先にイノベーションを「経済的成果をもたらす革新」と定義しました。それでは，これまで（経済的成果ではなく，単に新たな素材や技術，製法，製品，サービスなどの）「革新」と呼ばれてきたものは，何と呼ぶのか。

本書では，これを，**インベンション**（発明）と定義します。イノベーションとインベンションは，明確に区別をして議論を進めていく必要があるためです。

また，それは，私たち筆者が伝えたい1つの明確なメッセージでもあるからです。そのメッセージとは，開発者の「自己満足」だけでは，イノベーションの成功足り得ないということです（これは私たち執筆者にとっても，同様で，自戒の念をもたなければなりません）。

2 イノベーションの父, シュンペーター

2.1 シュンペーター

イノベーションを議論する上で必ずと言っていいほど言及されるのは，オーストリアの**経済学**者であるシュンペーターです。シュンペーターは，イノベーションが経済発展に結びつくことを理論化したことで知られています。シュンペーターは，オーストリアの大学で教鞭をとった後，同国の財務大臣に就任した経歴を持っています。また，その後，アメリカに渡り，ハーバード大学の教授に就任しました。

シュンペーターは，オーストリアの大学で教鞭をとっていたタイミングで，1912年に『経済発展の理論』（初版）を出版しています。そして，アメリカに渡った後（前回の出版から30年後）の1942年には，『資本主義・社会主義・民主主義』を出版しました。

シュンペーターのこの2冊の著作で驚くべきことは，前者の主張と後者の主張が大きく異なっていることです（正反対の主張をしていると言っても過言ではありません）。前者の主張が「**シュンペーター・マークⅠ**」と呼ばれているものです。この主張では，イノベーションの担い手は，アントレプレナー（起業家），すなわち，小規模企業であることを指摘しています。その一方で，後者の主張は「**シュンペーター・マークⅡ**」と呼ばれています。こ

の主張では，イノベーションの担い手が大規模企業であるとの指摘をしているのです。これらの主張の詳細については，第3章を確認してください。

2.2　新結合

　シュンペーターは，『経済発展の理論（第2版）』（1934年）において，「イノベーションとは，新しいものを生産する，あるいは，既存のものを新しい方法で生産すること」と主張しています。そして，「生産とは利用可能な物や力を結合することである。すなわち，イノベーションとは物や力を従来とは異なる形で結合することを指す」として，これを「**新結合**」（New Combination）と表現しています。

　その上で，シュンペーターは，新結合のタイプとして，5つの種類があることを指摘しました。それは，①まだ消費者に知られていない新しい商品や商品の新しい品質の開発，②未知の新しい生産方法の開発，③従来参加していなかった新しい市場の開拓，④原料ないし半製品の新しい供給源の獲得，⑤新しい組織の実現，です。

　新結合の①のタイプについては，私たちが一般的に「イノベーション」と認識しているであろうものが該当します。すなわち，市場の支持を得る新しい製品や新たな品質を担保した製品の開発などを含む，製品（プロダクト）のイノベーションが該当するでしょう。

　新結合の②のタイプについては，製品そのものではなく，そのプロセスを新しくする，すなわち，工程や製造方法のイノベーションが該当します。製品（プロダクト）イノベーションや工程（プロセス）イノベーションについては，第3章と第4章で説明しています。

　新結合の③のタイプについては，これまで誰にも特定されていなかった未知の市場を開拓することです。そのため，この新結合は，キム＆モボルニュ［2015］の「**ブルー・オーシャン**」を発見することと言ってもよいでしょう。ブルー・オーシャンとは，競争相手のいない未開拓の市場のことです。キム＆モボルニュ［2015］においては，企業がこの市場を開拓することの戦略的

優位性・有効性を説いています。

　新結合の④のタイプについては，新たな素材の開発や，これまで以上の性能を実現する素材や部品の開発などが含まれます。例えば，鉄の素材を使って作られていた部品が，炭素繊維の部品に置き換えられることが挙げられます。炭素繊維の素材は，鉄よりも軽いのにもかかわらず，鉄よりもはるかに強い強度を持つ素材だと言われているからです（炭素繊維の重さは鉄の4分の1で，強度が10倍であるとも言われています）。そのため，エネルギー消費量の高い飛行機や車（レーシングカー）などの重量の軽量化や耐久性の向上が求められる事業領域での部品として使われています。こうして，開発された新たな炭素繊維という素材が，エネルギー効率を高め，最終製品の安全性を担保することに役立っているのです。

　新結合の⑤のタイプについては，単一組織の議論にとどまらず，社会全体の組織の議論にも当てはまります。後者は，すなわち，新たな制度の実現です。単一組織のイノベーションや社会の組織（すなわち，制度）のイノベーションに関する議論の詳細については，第2章で確認してください。

　シュンペーターは，経済学者の視点から，イノベーションを捉え，さまざまな主張を展開してきました。本書では，このイノベーションを**経営学**的視点で理解を深めていくことになります。

3　本書のテーマとねらい

3.1　イノベーションの歴史

　第2章では，イノベーションの歴史を取り上げています。まずは，「歴史に学ぶ」「歴史から学ぶ」のです。すなわち，イノベーションの歴史を振り返ることで，どのようなパターンで産業が発展し，国の経済が進化してきたのかを観てみるのです。産業の発展の事例として，繊維産業のイノベーションの歴史を紹介しています。ある工程で機械の作業効率が上がったり，新た

な道具が開発されたりすると，他の工程も，それに追随して発展していくという現象を取り上げています。産業は，このようにして発展していくことが少なくないのです。

　また，イノベーションの歴史を振り返ると，過去に起きたことが現在に大きな影響を与えるという現象を確認することができます。その典型的な事例として，パソコンのキーボードの配列を挙げています。

　さらに，イノベーションの歴史を振り返ると，ある製品カテゴリーが発売された当初は，たくさんの形・型やモデルが出てきます。しかし，その後，ある特定の形・型やモデルに収束していくという現象もみられます。本書では，自転車の事例を挙げています。実は，自転車が私たちの理解している自転車の形になるまでに，このような変遷があったのだということを確かめてみてください。

　第2節では，シュンペーターがイノベーションのことを「新結合」と表現し，5つのタイプの「新結合」が含まれることを確認しましたが，第2章では，その1つである「新しい組織（制度）の実現」も取り上げています。私たちにとっては「常識」となっている株式会社という制度がどのようにして生まれたのか。また，大規模組織を管理するための組織の管理方法や組織構造をなぜ考えなければならなかったのか。第2章を読み進めることで，これらの問いに対する答えを知ることができます。

3.2　イノベーションの源泉

　第3章は，イノベーションの原点がどこにあるのか，どのようにしてイノベーションの源泉を探すのかを知るための章です。私たちは，物事をコントロールできる場合とできない場合があります。イノベーションもまた同じです。

　「イノベーションがコントロールできるということはどういうことか」。そして，「イノベーションがコントロールできないということはどういうことか」。これらの問題を考えるヒントとなるのが，本章で出てきたシュンペ

ーターの主張にあるのです。そのため，第3章を読むと，シュンペーターがどのような研究をしてどのような主張を導き出したのかを，深く理解することができるようになります。

そして，1970年以降，イノベーションの源泉は，ユーザーが担い手となることもあると主張する研究が増えてきました。ユーザーがイノベーションの担い手になるということから「ユーザー・イノベーション」と呼ばれるようになりました。そのため，企業は，積極的に企業のイノベーションにユーザーを取り込もうとすることも増えてきたのです。そこで，第3章では，企業がユーザーをどのように取り込もうとしているのかについても取り上げています。

3.3 イノベーションの発生・普及

イノベーションの源泉について理解した次の段階は，イノベーションがどのように発展し，普及していくのかという段階に移行します。これが**第4章**のテーマとなります。

一般的な話として，「鶏が先か，卵が先か」という議論があります。いわゆる，どちらが原因でどちらが結果なのかという議論です。イノベーションの文脈においても，しばしば「技術が先か，ニーズが先か」という議論がなされます。まずは，この点について考えてみます。

イノベーションがどこで起こるのか，というイノベーションの発生の論理に対する問いに対しては，製品（プロダクト）という視点と製品を作る工程（プロセス）という視点からみていきます。

また，イノベーションが発生して発展していく段階を細かくみていくと，連続的に，すなわち，グラフに例えると一直線上に徐々に発展していく線形のパターンではなく，非連続的，または，不規則な形で発展していくことが珍しくありません。突然，既存市場の製品がこれまでなかった斬新な製品に置きかわったり，あるいは最初，なかなか販売実績が上がらず市場に浸透していかない製品でも，ある閾値を超えると急激かつ爆発的に製品が売れたり

するという現象を目にすることがあるでしょう。これが非連続あるいは非線形ということを表しています。一方で，非連続性の要素がより強い，（既存製品からの）断絶というニュアンスを持ったイノベーションのことを「分断的」と表現することがあります。第4章は，この点についても説明しています。

　イノベーションが普及するためには，誰が，そして，どれくらいの人が特定の製品を支持して購入するかがポイントになります。ここでは，どのタイミングでどれくらいの人が，イノベーションを受け入れ，開発された製品を採用するのかというモデルを説明します。

3.4　イノベーションのダイナミクス

　イノベーションの源泉はどこにあるのか（第3章）について理解し，そこからイノベーションが発生し，どのように普及していくのか（第4章）を理解したその次のステップである「ダイナミクス」について理解することが，第5章の目的です。より具体的には，この章を通して，時間の経過とともにイノベーションがどのように変化していくのかとの問いに答えるのです。そのため，この章のテーマにも「変化」の側面から，イノベーションの連続性と非連続性について焦点を当てています。

　イノベーションが発生して普及した後には，市場の成熟に直面します。この章では，この成熟期を企業はどのように乗り越えるのかについての議論を重ねています。そして，この成熟期においては，特に，非連続的なイノベーションが起きやすいという現象に着目しています。また，一般的には，大企業ほど環境の非連続の変化に弱いということを指摘しています。なぜなら，成熟期において非連続なイノベーションが生じると，大企業がこれまで蓄積してきたさまざまな資源が役に立たなくなってしまうからです。すなわち，それまでの大企業の強みが，破壊的イノベーションによって打ち消されてしまうことが少なくないのです。

　それでは，大企業は，どのようにして非連続なイノベーションを乗り越えるべきなのでしょうか。その解は，この第5章を読み進めていくことで，糸

口が見えてくるはずです。

3.5 イノベーションと組織

　組織論の授業では，企業の経営理念の重要性や組織文化の浸透，そして，組織構成員である従業員の働く動機付け（モチベーション）などのテーマについて取り上げられます。第6章では，この組織論で学ぶ内容の一部を，イノベーションの視点から説明します。

　イノベーションの取り組みは，成功よりも失敗することのほうが少なくありません。そのため，企業がイノベーティブな組織であろうとすると，その失敗を許容する組織でなければなりません。そこで，この章では，失敗を許容して，失敗はするのだけれど，企業がそこから学びと成果に結びつける組織にするにはどのようなことに留意すべきなのか，を第1節で取り上げています。

　また，イノベーティブな組織を維持するためには，組織の長である経営者の意識や覚悟も必要となります。なぜなら，失敗をするわけですから，特に上場企業であれば，この失敗によって企業業績が落ち込んだら，株主からその説明責任が求められるためです。

　第2節では，企業がイノベーションを促進するために，どのような組織面での工夫（組織の構造や，組織構成員に対する業務遂行の仕組み）を行っているのかについて説明しています。

　そして，最後に，イノベーティブな組織を構成する従業員に焦点を当てています。企業は，どのような人材を採用し，イノベーティブなマインドを持って働く意欲をより高めてもらうのか，そして，そのような人材に求められる役割は何か，について説明しています。

3.6 イノベーションと経営戦略

　第7章では，イノベーションを推進するための戦略について説明します。

イノベーションを推進するための戦略を理解するために，ミンツバーグが提示した戦略の分類，すなわち，戦略に対する立場・考え方（学派：スクール）を軸にして，読み解いていきます。ミンツバーグは，『戦略サファリ』(*Strategy Safari*) という著書のなかで，戦略に対する10の立場・考え方（学派）を提示していますが，この章では，そのなかでも担当執筆者がイノベーション戦略に関連が深いと考えている5つの学派を取り上げています。それが，デザイン・スクールとプランニング・スクール，ポジショニング・スクール，ラーニング・スクール，カルチャー・スクールです。

前者の3つのスクールの前提には，市場の変化や不確実性の視点が組み込まれていません。そのため，後者のラーニング・スクールとカルチャー・スクールを紹介することで，変化する環境や状況に適応する，すなわち，企業が置かれた状況に応じて企業行動や戦略実践を変化させていくことについての戦略の議論を展開します。

そして，（環境に振り回されるのではなく）保有する特異な（他と極めて異なって秀でている）資源を十全に活用するという視点も戦略を考える上で重要なポイントとなります。ただし，持っている資源に固執しすぎるのも，また，リスクになることの議論にも言及しています。

最後に，「分業」という視点で，戦略を確認します。一企業内における分業という従来の視点ではなく，複数企業がそれぞれ特異な領域を分業して担当することで，総合力を発揮しようという観点での戦略に着目しています。この複数企業間の分業という文脈で，標準化，オープン・イノベーションの戦略について取り上げています。

3.7 イノベーションと新製品戦略

イノベーティブな組織づくり（第6章），そして，イノベーションを成功させるための企業の戦略全般（第7章）について学んだ次の段階は，より具体的な議論，すなわち，企業の各論について確認します。その1つが，第8章で取り上げる新製品開発です。

シュンペーターはイノベーションのことを「新結合」と表現しました。この新結合のなかには，「まだ消費者に知られていない新しい商品や商品の新しい品質の開発」が含まれています。第8章ではこの点に焦点を当てた議論を展開していきます。

この章では，新製品を開発するためには，どのような要素が必要で，そして，どのようなプロセスで開発する必要があるのか，そして，円滑に新製品を開発するためのプロジェクト体制はどうあるべきか，について説明しています。

この章の中には，「設計情報」や「重量級プロジェクト・マネジャー」といった，一般的な企業ではあまり使われていない特殊な用語が出てきます。しかし，これらの用語は，経営学を学ぶ際には，しばしば確認される用語でもあります。そのため，経営学の基礎知識として知っておくべき用語ですので，理解しておいてください。

3.8 イノベーションと製品アーキテクチャ

第8章に続いて，この第9章も，読者の皆さんには聞き慣れない用語がたくさん出てきます。第9章の Key Words にあげられているように「アーキテクチャ」「モジュラー」「インテグラル」「インターフェイス」などです。

これらの用語も，実際の企業の中であまり多く使われることはないと思います。しかし，①製品の特性やタイプをどのように体系的に分類して整理するのか，②その上でその製品の競争力をどのように発揮したらよいのか，③今後，その製品をどのように展開していく必要があるのか，を考える上で，重要なフレームワークを説明するための重要な用語となっています。

近年，さまざまな産業で産業構造が変化していき，従来，その産業で競争力を持っていた企業の競争力が低下し，新興国の企業がその産業で競争力を持つということが起こっています。このような場合，まず，製品設計の考え方や製品の特性が変化し，それに伴い産業や市場競争の構造が変わっているということが多々あります。皆さんは，製品設計の考え方や製品の特性は，

企業戦略，市場競争，産業構造とあまり関係ないと思っているかもしれませんが，実は深い関係があり，企業のイノベーションと経営を考える上で重要な要素となります。

3.9 オープン・イノベーション

　企業の機密情報や知が組織外部に漏れないようにと，これまで，多くの企業のイノベーションの取り組みは，組織内部で終結することが少なくありませんでした。しかし，2000年代に入ると，「いや，企業内部でイノベーションを一から十まで手掛ける方式では，急速に変化する市場やそのニーズに対応できない」「単独でイノベーションに取り組んでいる企業は，そうこうしている間に，複数企業間で協力して開発をスピードアップさせて取り組んできた企業群との開発に負けてしまう」という議論が聞かれるようになってきました。この複数の主体間で相互が役割分担しながらイノベーションに取り組むことを「オープン・イノベーション」と言います。**第10章**では，このテーマを扱います。

　オープン・イノベーションの基本的考え方は，「自社の特異な部分は自社が取り組むものの，自社が苦手な部分は，それを得意とする企業にお願いして，イノベーションのスピード，製品開発のスピードを早めましょう」ということにあります。しかし，実際には，「言うは簡単，実践は難しい」手法です。

　そのため，本章では，オープン・イノベーションを実践するための留意点として，①オープン・イノベーションそのものが内包する課題，②組織内部に対する留意点，③オープン・イノベーションの連携相手に関する留意点を説明しています。

　また，オープン・イノベーションの担い手として，企業の顧客，すなわち，ユーザーに焦点を当てられることが少なくありません。いわゆる，「ユーザー・イノベーション」です。そこで，ユーザーが企業のイノベーションに関わった，あるいは，ユーザー自らがイノベーターになる事例を紹介しています。

3.10 サービス・イノベーション

日本では，一般的に，サービス産業（サービス・セクター）の生産性が他の産業と比較すると低いと言われることが少なくありません。第11章では，そのサービス・セクターにイノベーションを興して生産性を高めようとする取り組み「サービス・イノベーション」の議論を行います。

サービス・セクターの生産性が低いと言われる要因の1つは，サービスそのものが持つ特性に起因するものでもあります。サービスには4つの特性があり，それに起因する制約が発生します。それゆえ，その制約が生産性に負の影響を与えることが少なくありません。そこで，4つのサービスの特性を説明した後，どのような制約がサービスの生産性を妨げるのかについてまとめています。その上で，サービスに従事する事業主は，この制約をどのように回避しようとしたのか，その具体的な方策を事例とともに紹介しています。

マーケティングの要素を確認しても，サービスの取引がモノの取引よりも困難であることが浮き彫りになります。それが，サービス・マーケティング・ミックスです。ミックスとは，組み合わせるという意味です。モノのマーケティングでは，その組み合わせる要素は4つ（マーケティングの4P）なのですが，サービスのマーケティングでは，その組み合わせる要素がさらに3つ増えるのです（サービス・マーケティングの7P)。この点についての理解を深めます。

そして，サービスの生産性を高める可能性を持つフレームワークを2つ(サービス・プロフィット・チェーンとリレーションシップ・マーケティング)紹介しています。

最後に，サービス取引ゆえに生じる制約を，さまざまな工夫を講じて回避し，サービスの生産性を高めることに成功した2つの事例を紹介しています。

3.11 知的財産管理

本書では，第11章まで，一般的な経営学の各トピックをイノベーション

という「軸」で整理してきました。これまでは，経営学的側面における新たな価値を創り出すイノベーションの議論を進めてきたのです。イノベーションについての読者の皆さんの理解が深まったと思います。

その一方で，もう1つ重要な議論があります。それは，創り出した価値の権利をいかにして守るのかという議論です。せっかく新たな価値を創り出したのに，その価値を守る権利関係の手続きをしなければ，価値が消失してしまったり，場合によっては，第三者にその価値を奪われてしまうことがあるのです。そのために，企業は，創り出した価値を守る手続きをする必要があるのです。

創り出した価値は，「知的財産」と呼ばれます。略して「知財」と表現されることも少なくありません。知財から発生する権利が，知的財産権になります。この知的財産権には，いくつかのタイプがあります。タイプによって，知的財産権が保護される期間が異なります。**第12章**の前半では，この詳細について確認していきます。

第12章の後半では，知的財産権をどのようにマネジメントすべきかについて，企業戦略の観点から確認していきます。それは，企業戦略や目的によって，知的財産権を自社だけで独占する選択肢や，相互に融通し合って協力関係を結ぶ選択肢，有償で保有している知的財産権を使ってもらう選択肢，無償でその知的財産権が使われることを容認する選択肢，などがあるためです。

また，企業は，知的財産権のマネジメントを日本国内だけ行っていればよいということではありません。市場がグローバル化し，事業もグローバル規模で展開しているこの世の中においては，海外にも目を向け，知的財産権をうまくマネジメントする必要があるのです。

3.12 価値創造

本書の最終章である**第13章**は，「新たな価値の創造」に焦点を当てた議論をしています。これまで，本書ではあまり深く追究していなかった「価値

とは何か」「価値をどのように評価・測定するのか」というテーマについて考える章です。

　同じ製品であっても，人それぞれが受け取る製品の価値が異なったり，その製品をいくつ持っているのかによって，消費者の製品の価値が異なったりします。大好きな（と仮定しましょう）ケーキを1つ食べると幸福感に満たされますが，同じタイミングでそのケーキを10個食べ続けたら，1つだけ食べた時とのケーキの「ありがたみ」「幸福感」，すなわち，ケーキの価値が異なることが少なくありません。同じ製品であるのに，消費者の受け止め方によって，価値が変わってくることもあります。そのため，「価値」というものの中身を，ここで改めて議論する必要があるのです。

　経営学の研究では，2000年以降，この価値についての研究がフォーカスされるようになってきました。企業は製品の価値の本質を見抜き，価値を創造し，そして，その価値を最大化することが求められているからです。

　さて，読者の皆さんが，本書の全体像を理解したところで，第2章からの経営学的側面から学ぶイノベーションの扉を開けてみましょう。

Working　　　調べてみよう

この章で出てくる単語・用語のうち，大切だと思われるものを3個選び，その単語・用語の意味を自分なりに，そして，該当する章で調べてみよう。

Discussion　　　議論しよう

自分なりに「イノベーション」であると判断できる事例を取り上げ，一緒に授業を受講する仲間やゼミ生らと議論してみよう。

▶▶▶さらに学びたい人のために

原拓志・宮尾学編著［2017］『技術経営（ベーシック＋）』中央経済社。
藤田誠［2015］『経営学入門（ベーシック＋）』中央経済社。
近能善範・高井史子［2010］『ライブラリ 経営学コア・テキスト＝12　イノベーション・マネジメント』新世社。

参考文献

● 一橋大学イノベーション研究センター編［2001］『マネジメント・テキスト　イノベーショ
ン・マネジメント入門』日本経済新聞出版社（2021 年現在は第 2 版が刊行中）。

● J. A. Schumpeter［1926］*Theorie der Wirtschaftlichen Entwicklung, 2.*（塩野谷祐一・中
山伊知郎・東畑清一訳［1977］『経済発展の理論―企業者利潤・資本・信用・利子および景
気の回転に関する一研究』岩波書店（1934 年に出版された同書の 2 版を日本語に訳したも
の））。

● J. A. Schumpeter［1950］*Capitalism, Socialism, and Democracy, Third Editon*（中山伊知郎
・東畑精一訳［1962］『資本主義・社会主義・民主主義』東洋経済新報社（1942 年に出版さ
れた同書の訳））。

● Kim, C., and Mauborgne, R. A.［2015］*Blue Ocean Strategy, Expanded Edition: How to
Create Uncontested Market Space and Make the Competition Irrelevant*, Harvard Business
Review Press.（入山章栄監訳，有賀裕子訳『(新版) ブルー・オーシャン戦略―競争のない
世界を創造する』ダイヤモンド社，2015 年）

第 **2** 章

イノベーションの歴史

- ▶イノベーションの歴史をたどることで，①なぜ，ある特定の時期に・特定の場所でイノベーションが興るのか，そして，②イノベーションの特性とは何かを理解します。
- ▶イノベーションは「技術」のことだけを表しているわけではないことを，イノベーションの歴史から理解します。
- ▶「イノベーションの歴史」の議論にとどまらず，現代へとつながるイノベーションの連鎖を理解します。

突出　インバランス（不均衡）　QWERTY　経路依存性　ドミナント・デザイン

1 イノベーションの歴史に学ぶ

1.1 イノベーションの連鎖

　『琥珀の夢』（伊集院［2017］）は，サントリーの創業者である鳥井信治郎の生涯を描いた長編小説です。このなかに，鳥井信治郎と松下電器（現Panasonic）の創業者である松下幸之助とのエピソードが描かれています。当時，松下幸之助が丁稚奉公していた大阪船場にあった自転車店の上得意先の１つが後のサントリーの前身となる鳥井商店だったのです。松下幸之助が鳥井商店に高級自転車を納品した際，鳥井信治郎は丁稚であった松下幸之助を快く迎え，「坊，気張るんやで」と励ましました。

　松下幸之助は，このときのエピソードを鳥井信治郎の銅像完成式で披露し

ています。御年87歳だった松下幸之助自らが望んでスピーチを申し出たそうです。そして，恩義を忘れぬ松下幸之助の出席に心を打たれた当時のサントリーの社長であった佐治敬三は，松下幸之助の葬儀の際，その棺を自ら抱えたといいます。

　ある時代に生きた偉人らがお互いに刺激を与え合い，切磋琢磨して時代を生き抜くこのようなストーリーは枚挙に暇がありません。イノベーションの歴史をたどってみても，やはり，ある特定の時代に特定の場所で群生するという現象を確認することができるのです。

　最もよく知られているこのような現象の1つに，イギリスで起こった産業革命が挙げられます。その原点は，インドとの交易でイギリスに綿織物がもたらされ，繊維産業が発展する黎明期を迎えたことにあります。

1.2　繊維産業のイノベーションの歴史

　綿織物をより早く大量に作るために最初に開発されたのが，飛び杼でした。ジョン・ケイという織布工兼機械工によって開発された機械です。この機械は，当時2人の労働者で織り上げていた布を1人の労働者で行うことを可能にしました。そのため，織布製造のスピードが上がり，生産効率が高まりました。

　しかし，織布工程のスピードが上がっても，その他の工程（たとえば紡糸工程）のスピードが上がらなければ，繊維産業の生産性の向上は限定的なものになります。そこで，綿織物従事者らは自動で糸を練り上げる機能を開発するなど，紡績機の効率化を追求しようとしました。このようにして，紡績機や機織機が発展していくこととなりました。

　さらなる製造効率を追求するために，労働者による作業を自動化するのみならず，水力や蒸気などの動力を活用する機械も発明されるようになっていきました。その1つが蒸気機関であり，この蒸気機関を利用して，蒸気船や鉄道が作られるようになっていったのです。

　イギリスのこの産業革命の歴史を振り返っても，ある1つの「きっかけ」

がイノベーションの連鎖を生み，ある特定の産業が発展して，さらなる波及効果を及ぼすという現象を確認することができるのです。また，飛び杼の事例から確認できたように，ある1つの工程で技術や生産が**突出**しても，それに関連する他の工程においても突出が起こらなければ，全体が**インバランス**（**不均衡**）のままで，全工程や産業全体のバランスを欠いてしまうことになるのです。

　このインバランスを解消するために，多くの人がイノベーションを実現しようと力を注ぐのです。そのため，イノベーションは，しばしば，ある特定の時期（時代）に，ある特定の場所で起こることが少なくないのです。そして，イノベーションの研究において，産業の歴史を振り返り紐解いてみることが，極めて重要であることを表しているのです。

1.3　キーワードその①「経路依存性」

　産業の歴史を振り返った上で，イノベーションの特性を捉える1つの鍵となるのが**経路依存性**（path dependency）です。経路依存性とは，過去に起こったことがその後の展開や発展経路を規定することを表しています。最もよく知られている事例として，パソコンのキーボードの配列である<ruby>QWERTY<rt>クワーティー</rt></ruby>が挙げられます。パソコンのキーボードのアルファベットの配列は，左上からQWERTYの順に並べられていることからこの名前が付いています。

　実は，このキーボードの配列よりも早くタイピングすることのできるキーボードが開発されたことがありました。しかし，それらはいずれも定着することはありませんでした。私たちが現在使っているパソコンのキーボードの配列は，1870年代にアメリカで開発されたものそのままなのです。

　キーボードの配列の由来は，タイプライターに遡ります。1870年代当時のタイプライターは，文字のキーがワイヤーにつながっていて，キーを押すとそのワイヤーがアルファベットを押し出して紙に印字する仕組みでした。そのため，あまりに早いタイミングでキーを押すと，ワイヤー同士が絡み合

ってしまう危険性がありました。

　そこで，頻繁にタイプするアルファベット間の距離を離すことで，キーの
ワイヤーが絡み合うのを防ごうとしたのです。しかし，その結果，ユーザー
にとっては，文字を打つスピードが遅くなってしまうという不利益がありま
した。

　現在は，タイプライターでもなく，文字のキーがワイヤーでつながってい
るわけでもありません。それでも，パソコンのキーボードの配列は，タイプ
ライターのときのまま，すなわち，1870 年代から変化していないのです。

　それでは，そもそもなぜ，この配列が現代でも定着しているのでしょうか。
学術的には，タイプライターを利用していた多くのユーザーが QWERTY
の配列に慣れてしまって，他のタイプのキーボードの配列を受け入れなかっ
たためであると説明されています。すなわち，ユーザーにとって，新しいタ
イプのキーボードの配列に乗り換える費用，いわゆる，**スイッチング・コス
ト**が極めて高かったために，他のキーボードの配列が普及しなかったと解釈
されているのです。

1.4　キーワードその②「ドミナント・デザイン」

　産業の歴史を振り返って確認されたイノベーションの特性の 1 つであるイ
ノベーションの経路依存性をたどると，もう 1 つの特性，すなわち，1 つの
型や形に収束していく現象を確認することができます。この収束した型や形
のことを**ドミナント・デザイン（支配的なデザイン）**と呼んでいます。

　Bijker［1995］には，自転車のドミナント・デザインが現在の形，すなわ
ち，前後の車輪 2 つとも同じ大きさで，ハンドルとブレーキ，そして，ペ
ダルがあって，またいで乗る乗り物の形に収束するまでの歴史が絵や写真
付きで説明されています。1817 年に開発されたタイプの自転車ドライジー
ネ（Draisienne）は，ペダルを漕ぐのではなく，地面を蹴って走るもので
した。その後も，さまざまなタイプの自転車が開発されました。1870 年に
は，自転車レース用にと前輪が極めて大きく後輪が小さいオーディナリー

（Ordinary）というタイプも開発されましたが，その後，より安全性を追求するモデル（Xtraordinary）が製品化されたりもしました。

　自転車がドミナント・デザインとして定着するようになったものは，1879年に開発されたモデル「ビシクレット（Bicyclette）」だと言われています。チェーンをつけて後輪を回す仕組みを取り入れたもので，安全性に十分配慮がなされたものでした。こうして，自転車が，私たちがよく知る現在の形に定着したのです。

2 制度のイノベーション

2.1 株式会社という制度

　イノベーションの歴史を振り返ると，株式会社という制度面でのイノベーションも，経済や産業の発展に大きな影響を与えてきました。この節では，株式会社という制度のイノベーションについて，経営資源の側面に着目して整理します。

2.1.1 オランダ東インド会社

　初期の株式会社としてよく知られているのは，1602年に設立されたオランダ東インド会社です。オランダ東インド会社は，オランダで設立され，東アジアと貿易することを事業の目的としていました。香辛料など当時の貴重な商品をオランダに輸入するためです。

　しかし，1社がすべての責任を負って遠洋航海をして香辛料などを輸入して利益を確保するためには，**事業リスク**が高すぎました。遠洋航海による東インド貿易は，事業を実現させるために莫大な資本を必要とする上，船が遭難や難破をして貿易事業が失敗するリスクも低くはないためです。

　そこで，この事業を成立させるための制度上の仕組みが求められたのです。それが株式会社という制度なのです。この制度は，証券を発行して，個人や

法人から出資を募って，出資者は出資した金額以上の責任を負担することがない，いわゆる，**有限責任**しか発生しないものです。一方で，出資者は，その対価として，出資割合に応じた報酬（リターン）を得ることができたのです。

　この事業の仕組みは，中世イタリアのヴェネツィアを舞台にしたシェークスピアの作品「ヴェニスの商人」においても確認することができます。アントーニオは，友人であるバッサーニオのために，商船から得られる貿易のリターンを当てにして金貸商のシャイロックから借金をします。一時は，その船が難破したという情報によりアントーニオは窮地に立たされるものの，舞台の最後には，貿易船は難破していなかったことが判明してハッピーエンドの結末を迎えるストーリーです。この作品もまた，中世のイタリアで事業リスクを分散するための仕組みが当時の商慣行として定着していたことを表しています。

2.1.2 アメリカのビッグ・ビジネス

　株式会社という制度のイノベーションによって，中世のヨーロッパとは異なる形で展開を遂げたのが，アメリカにおける巨大企業の事業展開（**ビッグ・ビジネス**）です。ペンローズとチャンドラーの研究では（両者の研究アプローチは異なるのですが），アメリカでなぜ企業がビッグ・ビジネス化したのかの論理を明らかにしています。

　第1に，アメリカにおいて市場メカニズムに則った取引では，外部からの調達や調整の不確実性，そして，**マッチングコスト**が高すぎたために，取引を内部化（内部取引）したことにあります。すなわち，すべての資源を（不確実性の高い市場取引で行うのではなく）自社で抱え込むことで，取引に係る不確実性やマッチングコストを低下させようとしたのです。こうして，組織が巨大化していくこととなります。

　第2に，巨大化した組織に存在した**未利用資源**を最大限に活用するために，事業や企業を買収して組織を拡大させ，次々と新たな市場を開拓していくことで，さらにビッグ・ビジネス化したのです。そして，事業や企業を買収すると，また異なる事業領域で新たな未利用資源が発生するため，その未

利用資源を有効活用しようと，さらなる買収を繰り返すのです。こうして，**多角化戦略**を実施し続けた結果，アメリカの企業はますますビッグ・ビジネス化したのです。

　その一方で，ビッグ・ビジネスは企業規模が拡大するために，経済学が指摘する**規模の経済**を追求することができるという戦略的意図もありました。すなわち，購買や販売，法務，財務を行うのであれば，組織規模が大きいほうが経済性が働くという経済学の「神話」が根底にあったのです。

　しかし，実際にはそうではありませんでした。多角化により組織規模が大きくなっても，規模の経済の効果を確認できるどころか，慢性的な赤字に陥ってしまっていた巨大企業が少なくなかったのです。

　そこで，それらの企業の幹部らによる原因究明が行われました。その結論は，多角化戦略そのものが間違っていたのではなく，それを管理する組織そのものに原因があったということでした。

　具体的には，第1に巨大で複雑な業務を効率よく運営する組織になっておらず，間接経費の増大や業務の複雑化，管理組織が不在だったところに問題があったというのです。これらの問題に対しては，本社業務と現業業務に区別して経営を行うという解決策が提示されました。より具体的には，会社全般の管理を行う「**コーポレート**」と，現業業務を担う「**事業部**」に区別して経営が行われるようになったのです。これは，1つの組織の制度的イノベーションに該当します。

　巨大化した組織が赤字に陥った第2の原因は，それまで組織を管理していた**機能別組織**（図表2－1）という組織構造にありました。機能別組織は，単一事業部，あるいは，単一製品を扱うのに適合した組織構造ではありましたが，多角化戦略によって巨大化した組織を管理するのには，適合していなかったというのです。

　この原因に対しては，1920年代のアメリカで，巨大化した組織を効率的に管理するための新たな制度的イノベーションが起きました。それが，**事業部制組織**（図表2－2）だったのです。本社業務と現業業務に区別して経営を行うという解決策が提示されたために，本社（コーポレート）を現業（事

業部）から切り離し，各事業部は事業ユニットとして整備されることになっていました。そのため，それぞれの事業部の生産や販売などの現業に対して，それぞれに権限と責任が委譲（**エンパワーメント**）された新たな組織形態である事業部制組織が生み出されることになったのです。

図表２-１ ▶▶▶機能別組織（概念図）

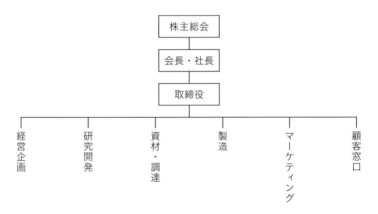

図表２-２ ▶▶▶事業部制組織（概念図）

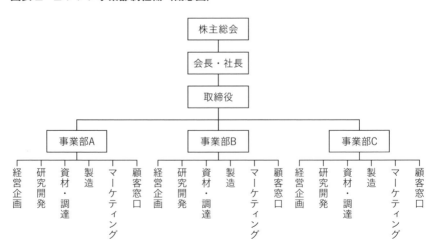

2.2 株式市場という制度

　前項では，株式会社という制度のイノベーションについて，経営資源の側面に着目して整理しましたが，本項では，資本，すなわち，**資金調達**の側面に着目して，株式市場という制度のイノベーションを整理します。

　アメリカの産業史において，インフラである鉄道の果たした役割は決して少なくありません。第一義的には，先述したようにアメリカの企業がビッグ・ビジネス化した基礎的な形態となっていたこと，そして，第二義的には，鉄道を整備するために必要とされた資金がそれまでの産業とは比べものにならないほど膨大な額であったために資金調達の必要性に直面したことです。そのため，鈴木・安倍・米倉 [1987] では，「アメリカに出現した最初の現代企業」であると表現しているほどです。

　1840 年代に遡ると，鉄道の技術革新が進むとともに，迅速性や利便性，天候に運行が左右されない安定性，経済性が注目されるようになっていました。1840 年代後半に起きたカリフォルニア州でのゴールド・ラッシュによって，ヨーロッパから大量の資金が流入して，これがさらなる鉄道への投資（第 1 次鉄道ブーム）を作り出したと言われています。

　この鉄道の資金調達需要に応えるために，ニューヨークに拠点があってヨーロッパとの為替業務を中心としていた輸入商社が，鉄道証券の取引業務に専門化しました。これがニューヨーク証券取引所だったのです。個別企業が自社で資金調達を行うのではなく，日常的に，さらに，複数の企業の証券を取引できることを可能にした証券取引所の設立は，株式市場の制度的イノベーションと呼べるでしょう。

3 / 現代につながるイノベーションの連鎖

3.1 自動車の歴史から現代へ

　本章では，イノベーションの歴史を振り返ることで，イノベーションの連鎖やどのような制度のイノベーションが起こっていたのかを確認してきました。本節では，現代につながるイノベーションの連鎖について，自動車産業とシリコンバレーの産業集積の事例を確認してみます。

　自動車は，かつて「金持ちのおもちゃ」と呼ばれていた時代がありました。高価であるにもかかわらず，自動車として使い物にならなかったためです。その普及に一役買ったのが，ヘンリー・フォードが設立したフォード・モーターです。フォードは，（黒色一色の）T型車1車種だけを大量に製造することで，1台当たりの製造価格を抑えて安価で販売する戦略を実行しました。自動車業界で規模の経済を達成しようとしたのです。事実，T型車の自動車価格は1908年には850ドルで販売されましたが，1924年には290ドルにまで低下しました。

　こうして，フォードは，アメリカでの自動車の普及率を向上させることに成功し，T型車の市場シェアは50%を超えるまでになりました。フォードは，アメリカの自動車業界に1つのイノベーションを興したと言えるでしょう。

　しかし，フォードにとってのこのような好ましい事業環境は，長くは続きませんでした。なぜなら，1925年頃にはアメリカの全世帯の約80%が自動車を保有するようになっており，黒色一色のT型車へのユーザーの飽きと買い替え需要が発生していたためです。

　このような市場環境と消費者ニーズの変化に目を付けたのがGM（General Motors：ゼネラルモーターズ）でした。あらゆる財布（予算）と目的（ユーザーのニーズ）に合致する6種類の自動車（価格が高い順から「キャデラック」「ビューイック」「オークランド」「オールズモービル」「ポンティアック」

「シボレー」)を販売しました。こうしたGMの戦略が消費者の支持を得て，フォードから自動車の市場シェアを奪っていきました。これもまた，アメリカの自動車業界の1つのイノベーションと言えるのです。

アメリカの自動車産業のこの歴史を振り返ると，自動車は，車体にガソリン・エンジン（あるいは，ディーゼル・エンジン）を搭載しているというドミナント・デザインが，以後，100年近くにわたって定着してきたことを確認することができます。

しかし，2000年頃から，その自動車産業の競争環境が変わろうとしてきています。2つの動力源を兼ね備えたハイブリッド車や，電気自動車，はたまた，燃料自動車などが開発されてきたためです。エンジンの動力源の変化は，自動車製造に大きな変革をもたらすことが期待されています。しかし，いずれの自動車のタイプも，いまだ新たなドミナント・デザインを確立したとは言えない状況です。

さらに，自動車産業をめぐっては，自動運転機能の研究が続いています。このような変化しつつある自動車業界のテーマは**CASE**（Connected, Autonomous, Sharing/ Services, Electric：つながる・自動運転・シェアリング／サービス・電動化）と称されるようにもなっています。自動車業界をめぐっては，新たなイノベーションの連鎖が起こりつつあることがわかるのです。

3.2 集積の現象：シリコンバレーの歴史から現代へ

アメリカ西海岸に位置するカリフォルニア州のサンフランシスコからサン・マテオ，パロアルト，サンノゼへと続く丘陵地帯を指す**シリコンバレー**は，数々のIT革命を生んできました。ITを牽引する先駆的な企業群を総称した**GAFA（グーグル，アップル，フェイスブック，アマゾン）**は，アマゾンを除いて，シリコンバレーの地に本社を置いています。今や，シリコンバレーは，これらのようなITの一大集積地となっていますが，その起源は1955年に遡ることができます。

それは，スタンフォード大学の教授で，当時，工学部長であったターマンが半導体研究者であったショックレーを招聘したことにありました。実は，ショックレーは，半導体研究で名高い**ベル研究所**に籍を置いていました。しかし，研究チームメンバーとの関係がうまくいかず，ショックレーが1人，そのチームから外れて，単独で研究を続けていたのです（しかし，最終的にはチームメンバー3人とノーベル物理学賞を共同受賞して，和解することができました）。また，プライベートでも別居と離婚を経験していたため，人生の再出発の地として，カリフォルニアにある実家に近いスタンフォード大学を選んだとも言われています。

　以後，ショックレーは，スタンフォード大学内に**ショックレー半導体研究所**を設立して，半導体研究を進めていきました。しかし，またもや，組織に対立が起こります。そして，ショックレー研究所から8人の若手研究者が去ることになります。ショックレー研究所を去った彼らが創業した企業が，**フェアチャイルド・セミコンダクター**です。

　こうして，このショックレー半導体研究所を原点として，その後のシリコンバレーを担う起業家の連鎖が発生することになったのです。起業の連鎖は，フェアチャイルドを頂点として，インテルやAMD（アドバンスト・マイクロ・デバイセズ），サン・マイクロシステムズ，シリコン・グラフィックス，アドビ・システムズ，サイプレス・セミコンダクタなど，後のIT革命を担う企業が続々と起業したのです。

　このように，ある特定の地域内で続々と企業が設立されていくと，起業のための資金が必要となったり，企業を登記するための手続きが必要になったり，知的財産権を管理したりするなどの需要が数多く発生するようになります。これらの手続きは，どの起業家にとっても必要不可欠な専門的サービスだからです。

　専門的知識を提供してくれて，法的な手続きも代行してくれる専門家を求めるニーズが多く存在するのですから，次第に，これらのサービスを提供することのできる専門家もシリコンバレーの地に集まってくるようになってきます。このようにして，シリコンバレーには，起業しやすい環境が整備され

てきたのです。そして，このような環境は，ますます，ITベンチャー起業志願者を魅了し，集まるようになっていきます。この流れが現代につながってきているのです。

　シリコンバレーの事例のように，ある突出がきっかけとなり，産業集積地を形成するようになっていった地域は他にも存在しています。映画産業の集積で名高いハリウッドや，シリコンバレーと同様にハイテク・クラスターを形成することに成功したテキサス州オースティンでも，イノベーションの連鎖を確認することができます。テキサス州オースティンのハイテク・クラスターの形成プロセスについては，福嶋［2013］に詳しく記されています。

Working　　　　　　　　　　　　　　　　　調べてみよう

1. イノベーションが興った産業集積の事例を調べて，その地域のイノベーションが起こった歴史を整理し，その地域がどのような軌跡をたどってきたのかを考えてみよう。
2. ある製品が現在の形（ドミナント・デザイン）になるまでに，どのような形があったのかを調べてみよう。

Discussion　　　　　　　　　　　　　　　　議論しよう

イノベーションによって発展を遂げた産業を取り上げ，どのようなことが起こっていたのか，そして，何が産業発展のブレークスルーになっていたのかを議論しよう。

▶▶▶さらに学びたい人のために ──────────

- 税所哲郎編著[2017]『産業クラスター戦略による地域創造の新潮流』白桃書房。
- 福嶋路 [2013]『ハイテク・クラスターの形成とローカル・イニシアティブ─テキサス州オースティンの奇跡はなぜ起こったのか』東北大学出版会。
- Chandler, A. D. Jr. [1962] *Strategy and Structure: Chapters in the History of the American Industrial Enterprise*, Cambridge: MA, MIT Press.（有賀裕子訳『組織は戦略に従う』ダイヤモンド社, 2004 年）
- Penrose, E. T. [1959] *The Theory of the Growth of the Firm*（3rd ed.）, Oxford University Press, London, Oxford, UK.（日高千景訳『企業成長の理論（第3版）』ダイヤモンド社, 2010 年）

参 考 文 献

- 伊集院静［2017］『琥珀の夢（上）小説鳥井信治郎』集英社。
- 一橋大学イノベーション研究センター編［2001］『マネジメント・テキスト　イノベーション・マネジメント入門』日本経済新聞出版社（2021 年現在は第 2 版が刊行中）。
- 鈴木良隆・安倍悦生・米倉誠一郎［1987］『経営史』有斐閣。
- 東北大学経営学グループ［1998］『ケースに学ぶ経営学（新版）』有斐閣。
- Bijker, W.［1995］*Of Bicycles, Bakelites, and Bulbs: Towards a Theory of Sociotechnical Change*, Cambridge:MA, MIT Press.
- David, A.［1985］"Clio and the economics of QWERTY," *American Economic Review*, 75（2）, 332-337.

第3章 イノベーションの源泉

Learning Points

▶なぜイノベーションという議論が起こったのかその理由を理解します。
▶イノベーションは誰がどこで引き起こすのかについて理解します。
▶イノベーションにおけるユーザーの役割を理解します。

Key Words

マネジリアル　シュンペーター・マークI　シュンペーター・マークII　テクノロジー・プッシュ　ディマンド・プル　連鎖モデル　ユーザー・イノベーション

1 マネジリアルかどうか

　この章では，イノベーションは誰がどこで興すものなのかを考えます。いうまでもなくイノベーション・マネジメントは経営学の一領域です。ですので，ここでいうイノベーションとは組織が管理しコントロールできるものでなければなりません。

　このように組織的に管理しコントロールできることを**マネジリアル**（managerial）であるといいます。マネジメントの単語の形容詞形です。経営学が扱う事象はマネジリアルでなければ議論ができません。

　たとえば，経営学で扱うリーダーシップの話は個人の資質ではなく，組織の能力という文脈で議論します。個人の資質そのものはその個人固有のものであって，組織としてマネジメントできないものです。

　同様にイノベーションということを考えると，ある技術者の天才的なひらめきや才能によって生み出された新技術があったとして，他の人にも天才に

なれといっても，それだけで天才になれるわけではありません。イノベーションをマネジリアルに議論するためには，個々の技術者の才能をどのように組織的に活用するのかという観点で議論をしなければならないのです。

　つまり，イノベーションとは，組織にとってコントロール不可能な外部的な要素ではなく，組織内部でコントロール可能な要素である，ということになります。しかし，初期のイノベーションの議論では，どの程度，内部でコントロールできるか，逆に言えば，ある程度はコントロールできない外部的な要素もあるという捉え方をしていました。イノベーションの源泉が企業の中にあるのか外にあるのかによって，経営学として扱えるかどうか，話は大きく変わってきます。

2 ／ シュンペーターのイノベーション

　さて，本書でもたびたび登場するシュンペーターですが，第1章でも示したように彼が「イノベーションの父」と呼ばれるのは，生産量や売上高を上げるための企業のアイデアや工夫をイノベーションとして企業がコントロールできるもの，すなわちマネジリアルなものと初めて定義したからです。

　シュンペーターがイノベーションの概念を提唱するまでは，経営者の役割は労働と資本の管理者でした。つまり，イノベーションとは企業のコントロールできない外部の事象と捉えられていたのです。労働と資本の管理者とは，経済学的に言えば，生産量や売上を増加させる変数は労働と資本であるということです。新古典派経済学では労働と資本が生産量を増加させる変数とした**生産関数**を示しました。

　経済学で学ぶコブ＝ダグラス型生産関数を考えてみましょう（難しかったら式の意味は気にしなくてもよいです）。

$$Y = AL^{a}K^{1-a}$$

　生産量 Y は労働力 L と資本 K の関数で，a は労働分配率，$1 - a$ は資本分配率と呼ばれ，労働力と資本の配分を示します。また，A は技術水準であり，これは定数で示されています（A は定数ではなく，外生変数と考えると説明する研究者もいます）。

　整理すると，生産量は労働力と資本の関数で表すことができ，その時の技術水準は一定の値であって，経営的にコントロールすることができない，つまり，マネジリアルではないということになります。したがって，経営者は労働力（生産にどれだけの人員を投入するか）と資本（生産設備にいくら資金を投入するか）の管理が仕事だということを示しています。

　これに対して，シュンペーターは，同レベルの労働力と資本の企業であっても，企業ごとに生産量は異なり，何を生産するか，どのような組織で生産するかによって，企業の収益は変化すると考えました。これまで定数 A であった技術水準も企業は内生的にコントロールできる企業の能力であると考えたのです。これがイノベーションそのものです。これまで外生的に捉えていた，労働力と資本以外の企業の新しいアイデアや知恵もまた経営できるものである，すなわちマネジリアルであると捉えたのです。

3　シュンペーター・マークⅠとマークⅡ

　シュンペーターによって企業の新たな技術やアイデアは単なる外生的な条件ではなく，イノベーションという企業の業績に関わる大切な要素であることが示されました。では，こうしたイノベーションは誰が興すのでしょうか。もちろん，イノベーションは企業にとって内生的な変数ですので，興す主体は企業なのですが，具体的に企業内のどのような組織が興すのか，これについて，シュンペーターは彼のイノベーション研究の前期と後期で少し主張が違っています。両者を**シュンペーター・マークⅠ**と**マークⅡ**と呼んでいます。**図表３－１**は，シュンペーター・マークⅠとマークⅡを図式化したものです。この図だけでは分からないと思いますので，マークⅠとマークⅡをそれぞれ

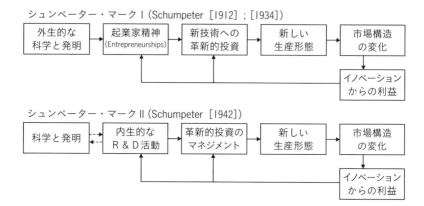

図表 3-1 ▶▶▶ シュンペーター・マークⅠとマークⅡ

シュンペーター・マークⅠ（Schumpeter［1912］；［1934］）

出所：Freeman［1982］をもとに筆者作成。

詳しく説明していきましょう。

3.1　非連続なイノベーションのシュンペーター・マークⅠ

　マークⅠは，外生的な科学的発見や発明を起点として，**アントレプレナーシップ**（起業家もしくは起業家精神）がイノベーションを引き起こすとしています。この理論が発表されたのは 1912 年に出版されたシュンペーターの著書『経済発展の理論（*The Theory of Economic Development*）』なのですが，日本でよく読まれているこの本の邦訳は，1926 年に邦訳された第 2 版以降のものです。本章の参考文献リストには今日でも入手しやすい 1934 年にハーバード大学出版から出版されたものと，第 1 版のドイツ語原著を京都大学の八木紀一郎名誉教授と群馬大学の荒木詳二名誉教授が邦訳したものを載せておきます。

　アントレプレナーシップやアントレプレナーという言葉は聞いたことがあるかもしれません。ベンチャー企業家のように，新しい事業を興し，従来とは異なるチャレンジを果敢に行う姿勢やそうした姿勢を持つ人たちのことで，起業家（企業家）精神もしくは起業家（企業家）と訳されます。

　安定を求めて既存の大企業に就職するのではなく，自らリスクを取って自分の会社を興し，自分の力で新たな事業を作り上げようとする考え方やそうした人がアントレプレナーシップです。アントレプレナーシップという言葉もシュンペーターがイノベーション（この場合厳密にはマークⅠにおけるイノベーション）を引き起こす主体として初めて用いた言葉です。

　つまり，シュンペーター・マークⅠにおけるイノベーションとは，既存の大企業ではなく，ベンチャー企業などの新興企業がその担い手であるとしています。なぜ大企業はこうしたイノベーションの担い手になり得ないのでしょうか。それは，大企業にはそれまでの経験や成功体験があるからです。マークⅠで想定されるイノベーションとは，これまでにない全く新しいアイデアや，製品，生産方式，組織形態などであり，従来のものを破壊して生み出されるものです。

　画家のパブロ・ピカソの言葉に「いかなる創造活動も，最初は破壊活動である」というものがあります。従来の価値観では理解しがたいピカソの芸術は，まず既存の芸術の価値観を壊してから，新たに全く新しい芸術の方向性を示したのです。従来の考え方と連続性がない，非連続なイノベーションを興す場合も，まずは，既存の考え方を否定することから始まります。既存企業はそれまでのやり方や常識に慣れていますから，自ら自分の価値観を壊すことは難しく，過去にとらわれていないベンチャー企業などの新興企業のほうが非連続なイノベーションを興しやすいと考えられるのです。

　第5章で中核的硬直性という話をしますが，この議論では企業の中心的な強みであった企業の能力も，非連続なイノベーションにとっては，イノベーションを阻む硬直性になるということを指摘しています。これまでと連続性のない新しいことを始めるときには，それまでの経験がむしろ足を引っ張るということです。

　外生的な科学的発見や発明をきっかけとして，アントレプレナーシップが新たな技術や新しいビジネスのために新たな投資を行います。それによって新たな生産が行われます。これらがイノベーションです。新技術そのものがイノベーションである場合もありますし，新たなビジネスのコンセプトや新

たな生産方法，新たな市場の設定などがイノベーションであることもあります。そうしたイノベーションによって，市場では新たな購買行動が生じ，既存の製品やサービスよりも新たな製品やサービスのほうが顧客の支持を集めるようになります。

イノベーションとは新たな市場を作るための**新結合**ですが，組み合わせが新しければ，個々の要素が既存のものであることもあると言われています。たとえば，既存の技術と既存の技術の組み合わせでもイノベーションになり得るのです。

しかし，新結合がすべてイノベーションになるとは限りません。ある製品やサービスの提供がイノベーションと呼ばれるためには，市場で顧客がそれを支持し，対価を支払う必要があります。つまり，企業が利益を得なければならないのです。イノベーションとは，新結合であって，それが企業に利益をもたらすものでなければならないのです。

企業はイノベーションによって利益を獲得すると，それを新たなアントレプレナーシップや投資の原資とします。つまり，イノベーションの成功が新たなイノベーションを誘発するという好循環が発生するのです。

3.2 連続的なイノベーションのシュンペーター・マークⅡ

マークⅠでは，イノベーションの担い手は主に新興企業であるとしたシュンペーターですが，その後に発表したマークⅡでは，イノベーションにおける大企業の役割を示しています。マークⅠでは，非連続なイノベーションには大企業は向いていないという話をしました。マークⅡではマークⅠの主張を否定したのでしょうか。そうではありません。マークⅡでは，イノベーションには，大企業向きのイノベーションもあるということを述べているのです。マークⅡは1942年に出版された『資本主義・社会主義・民主主義（*Capitalism, Socialism and Democracy*）』で発表されました。

あるイノベーションが企業に利益をもたらすと，その利益の一部は次のイノベーションの原資になることはすでに説明しました。新たなイノベーショ

ンが以前のイノベーションと無関係である場合，過去の経験や技術の蓄積は
イノベーションの成否に影響はありません。しかし，多くの製品やサービス
は，これまでの製品やサービスを改良し，より良いものとして世の中に送り
出されています。

　こうした改良型の新製品は**連続的なイノベーション**になります。連続的な
イノベーションでは，これまでの経験や技術の蓄積が次のイノベーションに
活用されます。この場合，経験のない既存企業より既存の大企業のほうが有
利になります。企業内で技術や経験を蓄積し，改良していくプロセスが
R&D（研究開発）活動です。前段階でのイノベーションから得た利益が，
R&D活動に投資され，さらに技術や経験が強化され，それがさらにイノベ
ーションを生み出していく，それがシュンペーター・マークⅡにおける連続
的なイノベーションのプロセスです。

3.3　マークⅠとマークⅡの違い

　R&D活動は新たな科学や発明の方向性にも影響を与えますので，マーク
Ⅰでは外生的と考えられてきた科学的発見や発明は，より内生的な要素とし
て捉えられているのがマークⅡの特徴です。

　さらに，第4節で解説するテクノロジー・プッシュとディマンド・プルの
2つのR&D活動の方向性の議論との関連で言えば，マークⅠはテクノロジ
ー・プッシュ的な技術から市場への順方向の流れを想定していますが，マー
クⅡでは市場の反応が次のR&D活動の方向性を決めるため，よりディマン
ド・プル的な流れになっています。

　ところで，R&Dへの投資はもっぱら固定費です。企業は研究員やエンジ
ニアを雇用し，彼らは研究開発に従事します。こうした研究員やエンジニア
は忙しくなったから増員したり，製品が完成したから辞めてもらうというこ
とは，まずありません。事業の進展にかかわらず，一定の数の人員が雇用さ
れています。ですから，こうした研究員やエンジニアにかかる費用は固定費
になるわけです。固定費を多く捻出できるのは規模が小さいベンチャー企業

よりも既存の大企業です。つまり，大企業のほうがR&Dに対してより多く
の投資ができるということが言えます。ですから，自動車や日用品のように
連続的なイノベーションがメインの産業では，大企業が有利になります。一
方で，IT産業のように技術や市場の変化が激しく，非連続なイノベーショ
ンが興りやすい産業では，ベンチャー企業などの新興企業が有利になるので
す。つまり，シュンペーター・マークⅠとマークⅡは，その産業が置かれた
事業の環境によって使い分けられるということになります。

4 技術と市場の統合

4.1 統合の方向性

　これまでみてきたシュンペーター・マークⅠとマークⅡの違いは，技術に
市場のニーズを合わせるのか，それとも市場のニーズに技術開発の方向性を
合わせるのか，という違いであるとも言えます。このような，技術と市場の
方向性を合わせる調整のプロセスのことを**統合**といいます。

　技術と市場の統合は，シュンペーター・マークⅠのように技術開発成果が
ニーズを創造することによってもたらされるのでしょうか。あるいは，シュ
ンペーター・マークⅡのようにニーズが新たな技術開発を規定するのでしょ
うか。これは第4章で詳説するテクノロジー・プッシュとディマンド・プル
の話になります。テクノロジー・プッシュ，ディマンド・プルのそれぞれの
定義は第4章を読んでください。また，マーケティング論で議論されるプロ
ダクト・アウトとマーケット・インは，それぞれテクノロジー・プッシュと
ディマンド・プルと同じと考えて差し支えありません。

　統合の方向性を規定するものが技術かマーケットかという議論は，1960
年代から続く古い議論です。テクノロジー・プッシュの理論では，技術の進
化が技術システム間に新たな技術的不均衡を生じさせ，技術的不均衡が新た
な技術開発の必要性を生じさせると考えます。この場合，技術進化は経済シ

ステムにとって外生的（制御できない）なものであり，顧客ニーズの影響は
受けません。

　しかし，さまざまな実証研究によって，多くの場合イノベーションは需要
サイドからもたらされることが示され，今日ではテクノロジー・プッシュあ
るいはプロダクト・アウトは否定的に捉えられることが一般的です。テクノ
ロジー・プッシュが原則的に否定される理由を一言でいえば，新たな技術が
たとえ技術的にどれだけ優れていたとしても，その技術が市場のニーズに合
致したものである保証はない，ということです。

　テクノロジー・プッシュを否定する指摘が1960年代以降繰り返しなされ
ているのは，企業内で素朴にテクノロジー・プッシュ的な意思決定が繰り返
し続けられているためです。テレビのドキュメンタリー番組や企業ドラマを
見ても，緻密に市場をリサーチした開発ストーリーよりも，技術者の想いを
貫き，誰にも認められなくても諦めずに頑張った，というストーリーのほう
が人気があります。しかし，これこそがテクノロジー・プッシュ的な発想で
す。自然とテクノロジー・プッシュ的な意思決定をしてしまうのは，なんと
なく製品開発やイノベーションというものはエンジニアリング活動によって
生まれると考えるのが一般的だからかもしれません。

　もう少し深く考えてみましょう。テクノロジー・プッシュ的な意思決定が
なされる理由はさまざま考えられます。技術に対する過信や思い込みがある
かもしれません。これだけ他社と比較して技術的な優位があるのだから競争
で負けるはずがない，という自信が，そもそもその技術が市場に受け入れら
れるかどうかという検証の必要性を軽視してしまうということも考えられま
す。

　また，すでに投資してしまった技術開発を無駄にはできない，というよう
な「もったいない」気持ちが意思決定を鈍らせているかもしれません。これ
は経済学で言うところの**サンクコスト**が無視できない状況にあたります。合
理的に考えればこれまでの投資が将来の役に立たないという場合でも，なん
とかして今まで投資してきた技術で製品化したい，という気持ちが強くな
り，とりあえず，現時点の技術水準で実現可能な何か，という形で中途半端

に製品化されてしまうということもありえます。

　このようなテクノロジー・プッシュ的な意思決定が，無意識のうちに企業内で行われ，結果として事業として失敗するという事例が繰り返されてきました。そのため，経営学者やマーケティング学者は，テクノロジー・プッシュの否定をし続けなければならなくなっていると，一橋大学の沼上幹教授は指摘しています。

4.2　テクノロジー・プッシュの再評価

　しかしながら，テクノロジー・プッシュとディマンド・プルを常に対立的に捉える必要はありません。なぜなら，市場がすべてのニーズを知っているわけではなく，テクノロジー・プッシュ的な製品開発が，新たな市場を切り開くという側面も否定できないからです。教科書的なディマンド・プルの議論は，イノベーションの決定要因を顧客ニーズに偏り過ぎた議論になっており，技術開発が新たな市場のニーズを形成する側面が論じられていないという指摘も存在しています。

　たとえば，コーヒーは豆を挽いて熱湯で抽出するのが当たり前であった時代に，誰もインスタント・コーヒーが欲しいとは思いません。実際，ネスレが世界で初めてインスタント・コーヒーを作ったときも，市場にはなかなか受け入れられませんでした。企業側から丁寧にインスタント・コーヒーの便利さを消費者に繰り返し説明して初めてそのニーズが受け入れられました。

　そもそもテクノロジー・プッシュに対する否定的な多くの主張においても，同時に極端なディマンド・プルも批判されてきました。現在の主流の理解としては，顧客ニーズが最も重要であるとしながらも，需要の側面，供給の側面のいずれもが，イノベーションにとって重要な要素であると考えられています。

　イノベーションというものが非常に複雑なプロセスである以上，科学技術的な要素や顧客ニーズという特定の1つの要素を技術革新にとっての唯一の基本的要素とみなすことはできないと考えるほうが妥当なのかもしれません。

前述したようなディマンド・プルを支持する議論もディマンド・プルを積極的に肯定するものというよりは，テクノロジー・プッシュへの極端な偏りを批判しているものと捉えるべきであると考えられます。こうした白黒はっきりしないところが実学としての経営学の特徴でもあり，面白さでもあるといえます。

4.3 構想ドリブン

　技術かニーズかという二元論を超えた議論も存在します。先にテクノロジー・プッシュの否定の繰り返しを指摘した沼上教授は，将来の顧客ニーズを**製品構想（製品コンセプト）**として製品開発の事前に規定することで，製品構想がイノベーションを規定するという**構想ドリブン**というアイデアを提唱しました。実際に，成功したR&Dの多くは事前に明確な事業構想を形成しているという研究もあり，マーケティング論でも，R&Dとマーケティングの主従関係を分類して，ほとんどの場合，双方が対等で重複する領域を有すること示されています。

　テレビが画面も小さく重量も大きかったブラウン管の時代に何となく，大きくて軽いテレビがあるといいだろうという漠然としたニーズはありましたが，そこに液晶テレビという明確な製品コンセプトを提示して日本のシャープが液晶技術の開発を行いました。また，映像の録画を大きな磁気テープのカセットに記録をしていたころから，よりコンパクトなビデオが望まれてはいましたが，薄いディスク状の記録メディアに光記録をするという現在のブルーレイディスクやDVDのコンセプトを明確に打ち出して開発を始めたのも日本のパナソニックでした。両者とも1970年代から開発を始め，明確なコンセプトのもとで，2000年代に製品化に成功をしています。このように，漠然としたニーズに具体的な製品コンセプトを持った企業が技術主導で製品を開発することで，技術とニーズが統合に成功するケースが構想ドリブンの開発と言えます。

4.4 ▁ リニア・モデルと連鎖モデル

　ところで，技術がニーズを生み出すという単一の方向性で製品開発が行われるというテクノロジー・プッシュの考え方を**イノベーションのリニアモデル**と呼びます。リニアモデルの問題点は，技術の方向性が必ずしも顧客のニーズと一致するとは限らない点です。先に磁気テープのビデオの話をしましたが，1970 年代にソニーはより小さなカセットで高画質のベータ方式というビデオを開発，日本ビクター（現在の JVC ケンウッド）はベータテープよりも大きなカセットの VHS 方式のビデオを開発しました。VHS 方式は，画質もベータよりも劣るものの，ベータ方式が 1 時間録画しかできなかったのに対して，VHS は 2 時間録画ができました。映画やスポーツ中継など，ユーザーが録画したい番組の多くが 2 時間程度であったことから，いかにベータ方式が技術的に優れていても，顧客のニーズに合致したのは 2 時間録画ができる VHS 方式でした。結果的に，VHS が磁気テープ方式の標準方式となりました。このように，いかに技術的な優位性があっても，顧客のニーズと合致していなければ製品として成功しない場合があるのがリニアモデルの問題点です。

　一方で，ディマンド・プルもまたニーズが技術を規定するという一方通行な発想です。問題点は，すでに顧客が持っているニーズの範囲でしか新しい製品が登場しないことです。フィーチャーフォン（ガラケー）で満足していた時代に，ディマンド・プルの開発だけでは，iPhone のようなスマートフォンのアイデアは登場しなかったでしょう。

　リニアモデルとディマンド・プル共通するのは技術かニーズか，イノベーションの起点が一方通行ということですが，そのどちらでもない，技術とニーズが相互に連携し合ってイノベーションが生まれるという考え方をイノベーションの**連鎖モデル**（Chain Linked Model）と呼びます。テクノロジー・プッシュでもディマンド・プルでもない連鎖モデル的な考え方が重要だということです。

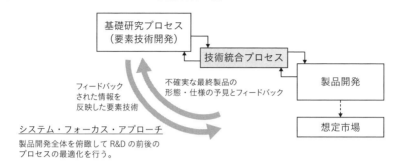

図表 3 - 2 ▶▶▶▶イアンシティの技術統合理論

出所：Iansiti［1998］をもとに筆者作成。

4.5　イアンシティの技術統合

　ハーバード大学のイアンシティ教授は，連鎖モデルの発想を推し進めて，研究開発における統合チームの活動が新たなイノベーションをもたらす**技術統合**という議論を提示しました。技術統合は，研究開発活動の上流（個々の要素技術を生み出す研究のプロセス）と下流（製品システム全体を開発する開発のプロセス）の全体像を把握すること（**システム・フォーカス**）によって，上流の技術開発と顧客ニーズとの統合を実現するメカニズムの重要性を示しています（**図表 3 - 2**）。技術統合のプロセスでは，各部門のマネジャーなどからなる統合チームの活動が，研究と開発に分化された組織を双方向につなぎ，製品システム全体を意識することで，市場のニーズに関する情報が，上流のプロセスにフィードバックされ，フィードバックされたその情報をもとに開発された技術が，ニーズに適合する形で製品に組み込まれるとしています。

5　ユーザー・イノベーション

5.1　ユーザーをイノベーションの担い手にする

　これまで，イノベーションの担い手が大企業か新興企業かという観点でみ

てきました。いずれにしてもイノベーションの担い手は企業です。しかし，マサチューセッツ工科大学（MIT）のフォン・ヒッペル教授は，イノベーションにおける顧客の役割に着目しました。前項で述べたテクノロジー・プッシュとディマンド・プルは，技術と市場の方向性を合わせる統合活動の方向性を示したものです。市場が技術に合わせるのか，技術が市場に合わせるのかという話です。

　もちろん，そのどちらか一方が絶対に正しいというわけではなく，統合は一方的な流れではなく，技術と市場が相互に影響し合って，双方向に調整がなされていく**連鎖モデルアプローチ**という考え方が，今日では一般的です。

　ディマンド・プルや連鎖モデルにおいても，顧客が自らのニーズを企業にフィードバックすることで，R&D活動の方向性を規定するという意味で，顧客がイノベーションに関わっているのですが，フォン・ヒッペル教授はさらに，企業のR&D活動そのものに顧客が関与していく可能性を示しました。フォン・ヒッペル教授はこれを「**民主化するイノベーション**」と呼んでいます。

　ちなみに，この章のタイトルである「イノベーションの源泉」という言葉も，フォン・ヒッペル教授が1988年に出版した "*The Sources of Innovation*（イノベーションの源泉）" から借用しています。

　ユーザーがR&D活動にかかわるとはどのようなことでしょうか。フォン・ヒッペル教授は，BtoB（産業用製品などの企業間の取引）ビジネスやソフトウェア製品の試作品開発に顧客が関与するケースを示しています。

　BtoBビジネスでは，顧客企業側も技術部門を有して，製品を提供する企業と一緒に製品開発を行うことがあります。また，ソフトウェア産業においては，一般顧客も含めて，完成品ではない，テスト用の製品（ベータ版）を発売前に顧客（ユーザー）に配付して，バグ（問題点）や改善点をフィードバックしてもらうことで，顧客をイノベーションに巻き込んでいます。

　PCやスマホのアプリでベータ版を利用したことがある人は読者の中にもいるのではないでしょうか。こうした，R&D活動にユーザーが参画する，ユーザーがイノベーションの担い手になることを**ユーザー・イノベーション**と言います。

　ただし，ベータ版はすべてのユーザーが使用するわけではありません。新しい機能がいち早く使える反面，未知の問題点があるかもしれませんので，ソフトウェアの知識のない一般ユーザーが使うのには難があるかもしれません。顧客ではありながら，ある程度の技術的知識や製品知識を持ち，新たな技術の可能性を理解しているユーザーが，ユーザー・イノベーションの担い手になります。フォン・ヒッペル教授はこうしたユーザー・イノベーションの担い手になるユーザーのことを**リード・ユーザー**と呼んでいます。

　また，BtoB 製品におけるリード・ユーザーは BtoB 製品の特定の顧客そのものになります。たとえば，オリンピック選手が使うようなスポーツ製品の開発は，企業と選手が一体となって行われます。専門的なスポーツ選手は，スポーツ用品を誰よりも理解し，次にどのような製品が欲しいかをいち早く認識しているリード・ユーザーになります。放送機器などでも同様です。プロの記者やカメラマンの意見を得て，ビデオカメラなどの機器が開発されます。

　こうした BtoB 製品におけるユーザー・イノベーションの成果は，一般用のスポーツ用品や家電製品のように，より多くの顧客に向けた BtoC（一般消費者向け製品ビジネス）製品にも応用されていきます。

　フォン・ヒッペル教授がユーザー・イノベーションの議論を始めたのは1970 年代のことで，当初はユーザー・イノベーションには批判的な意見が多く寄せられました。多くの製品は多数の顧客を持ち，それら不特定多数の顧客を R&D 活動に巻き込むのには無理があり，ソフトウェア産業のような特殊事例でしか成立しないという批判です。

　ユーザー・イノベーションのためには，リード・ユーザーを含む多くの顧客に製品の試作品を提供しなければなりません。ソフトウェア製品であれば，容易に複製を作って安価に配賦できますが，ハードウェア製品の場合，試作品を作るために多額の費用がかかってしまいますので，これらの産業ではユーザー・イノベーションのメカニズムは有効ではないと言われたのです。同様に特定のユーザーを顧客にするような BtoB 製品についても，市場が極めて限定的な例外的な市場の話であって，一般的な話ではないという批判が

されました。

　今日では，ユーザー・イノベーションの議論は一般性のある１つの理論として確立されていて，その要因の１つは，世の中におけるソフトウェア技術の位置付けの変化が考えられます。

　たとえば，エレクトロニクス製品の例を考えると，かつては新機能の多くがハードウェア技術によって実現されていました。しかし，今日では製品技術の多くがソフトウェア技術によって実現するようになりました。携帯電話であれば，昔のフィーチャーフォン（ガラケー）は，新しい機能は追加的なハードウェアとして，物理的な新しい部品や回路が実装されてきました。

　一方，今日のスマートフォンの多くは，基本的なハードウェア構成は同じで，OS やアプリの進化によって機能や性能が改良されたり新たに追加されたりします。こうした新商品の新機能を OS やアプリのベータ版として多くのユーザーに配賦することは容易であり，同じ製品でも昔よりソフトウェア型のユーザー・イノベーションがやりやすくなったと言えます。製品開発をめぐる環境の変化がユーザー・イノベーションの理論の一般化に貢献したという見方ができるかもしれません。経営学は実学という側面がありますので，普遍の理論というより，産業や市場の変化に対応して理論もまた変化していくという学問の特徴があります。

5.2　企業とユーザーはユーザー・イノベーションに何を期待するのか

　企業がユーザー・イノベーションを活用したい最大の理由は，R&D 活動の方向性を市場のニーズと確実に一致させたいからです。企業が製品を開発するときに，ユーザーのニーズに合致するように製品コンセプトを考えますが，製品開発には時間がかかりますので，製品コンセプトを考えるのは，市場で商品が発売されるよりもずっと前のことになります。

　顧客のニーズは流行の変化や市場環境の変化によって絶えず変化し続けますので，製品コンセプトを考える時点で，将来の発売時のニーズを的確に捉えるのは難しいことです。リード・ユーザーは先進的な顧客であり，多くの

ユーザーのニーズを先取りしている存在ですので，将来のニーズをより的確に獲得することができます。

　また，リード・ユーザーは社外の人間ですので，企業が持っているのとは異なる情報を有し，企業内で考えるよりも多様なアイデアを創出できる可能性があります。多様性は不確実性に備えるために大切な要素です。社内外の多様性のあるアイデアを持ち寄ることでも，企業は将来のニーズという不確実性の高い課題に的確に取り組むことができるのです。

　一方のユーザーのほうは，なぜユーザー・イノベーションに取り組むのでしょうか。場合によっては謝礼が支払われるような協力の仕方もあるかもしれませんが，基本的には無報酬で企業のイノベーションに協力をする存在です。

　こうした，ユーザーにユーザー・イノベーションを興させる動機付けとして，フォン・ヒッペル教授は**期待利益仮説**を提示しています。

　製品とは顧客にとって問題解決のツールです。電話であれば，遠くの人と話をするにはどうしたらよいかという問題を解決するため，野球のバットであれば，より遠くにボールを打ち返したいという問題を解決するためのツールです。ですから，ユーザーは何か具体的な問題に直面していて，その問題を解決するために必要なツールとしてある機能や性能を持った製品を必要としています。

　もし，自分の望む製品が実現すれば，自分の抱えている問題が解決するというメリット（便益）が生まれます。ユーザー・イノベーションを行えば，こうした便益を得ることができるだろうと期待して，企業に協力をするのではないか，これが期待利益仮説です。

　ユーザー・イノベーションの動機付けにはもう1つの仮説があります。これは**情報の粘着性仮説**と呼ばれます。情報の粘着性とは，情報には他者に伝わりやすい情報と伝わりにくい情報があり，前者を粘着性の低い情報，後者を粘着性の高い情報と言います。

　たとえば，学校のクラスの友だちや先生がした面白い行動を，自宅や他の場所に行って，学校以外の人に話した場合，面白さが全然伝わらなかったこ

とはありませんか？　この場合，たとえば先生の面白い行動というものを理解するためには，そこで何を言ったかだけでなく，そのときの仕草や動作，あるいはその先生が普段どのような人かが聞き手に分からないと，ある面白い発言だけを切り取っても伝わらなかったりします。

　こういう情報が粘着性の高い情報です。知識のマネジメントで有名な野中郁次郎先生は世の中の情報や知識には文字や数値で簡単に伝えられる**形式知**と，ノウハウや感覚的なもののように，言葉では伝えにくい**暗黙知**があると指摘しています。一般に，形式知的な情報は粘着性が低く，暗黙知的な情報は粘着性が高いと言われています。

　先ほどの学校の先生の事例の場合，先生が発した言葉は形式知ですので容易に他者に伝わりますが，その先生がどんな先生で，みんなにどのように思

Column **ユーザー・イノベーションのための戦略**

　ユーザー・イノベーションを興し，企業が競争優位を確立するためにはいくつかの戦略の手法が示されています。

(1)　リード・ユーザー法

　感度の高いリード・ユーザーを見つけて囲い込むというユーザー・イノベーションを**リード・ユーザー法**といいます。リード・ユーザーは先進的な顧客であり，少し先の未来に多くの顧客が抱くであろうニーズをいち早く感じることができます。

　ポストイットなどで知られるアメリカの化学メーカー 3M は，こうしたユーザーを囲い込んで R&D 活動に活用し，他者に先んじて顧客ニーズの高い製品を開発しています。

(2)　ユーザー・コミュニティ

　企業がユーザーを組織化して**ユーザー・コミュニティ**を組織すると，コミュニティの中から多様な意見やアイデアを集めることで，効率よくリード・ユーザーのニーズをつかみ取ることができます。

　日本では無印良品を展開する良品計画がユーザー・コミュニティを形成し，ユーザーから得た意見やアイデアをもとに製品開発を行い，ヒット商品を生み出しています。

(3)　クラウド・ソーシング法

　クラウド・ソーシング法は，クラウド上の多くの知見を企業が取捨選択してイノベーションを行う方法です。今日ではインターネットの普及によって，ネット上でさまざまな個人レベルの情報を発信し，蓄積できるようになりました。ネット（クラウド）を介して不特定多数の意見を大量に集めて R&D 活動に活用する手段です。

われているかは暗黙知的な情報になります。つまり，面白さが伝わらないのは，この暗黙知が伝わらないからです。

　企業とユーザーの間にも情報の粘着性があります。ユーザーがある問題を解決するためのニーズを持っていたとしても，そのニーズがすべて形式知で表せるとは限りません。暗黙知的なニーズは，企業がなかなか吸い上げてくれないということもあります。こうしたときに，粘着性の高いニーズ情報を持ったユーザーがR&D活動に参画することで，粘着性の高いニーズ情報を反映した製品が開発できるようになるのです。

　また，企業は，ユーザー個人が持つ問題や粘着性の高いニーズ情報を，ユーザー・イノベーションを通じてR&D活動に反映させることで，より確実にニーズに合致した製品を開発できるようになります。ユーザー・イノベーションは，企業にとってもユーザーにとってもメリットがあるというです。また，企業と顧客がさまざまな接点を持ち，共同して製品やサービスの価値をつくり出していくプロセスを**価値共創**（Co-creation）といいます。

Working　　　　　　　　　　　　　　　　　　　　　調 べ て み よ う

1. シュンペーター・マークⅠとマークⅡを整理してそれぞれの主張の弱いところ強いところを考えてみよう。
2. 技術開発の方向性と市場のニーズの方向性はどのように一致させればよいかを考えてみよう。
3. ユーザーがイノベーションに参加する事例を考えてみよう。

Discussion　　　　　　　　　　　　　　　　　　　　議 論 し よ う

特定の製品やサービスを例に挙げて，そのイノベーションが誰によって引き起こされたのか，考えてみよう。

▶▶▶さらに学びたい人のために ─────────────────────────

● 川上智子［2005］『顧客志向の新製品開発─マーケティングと技術のインタフェイス』有斐閣。

● 延岡健太郎［2006］『MOT［技術経営］入門』日本経済新聞社。

● 野中郁次郎・竹内弘高［1996］『知識創造企業』東洋経済新報社。

● 小川進［2013］『ユーザーイノベーション─消費者から始まるものづくりの未来』東洋経済新報社。

● von Hippel, E.［2005］*Democratizing Innovation.* Cambridge, MA: MIT Press.（サイコム・インターナショナル監訳『民主化するイノベーションの時代』ファーストプレス，2005 年）

● Iansiti, M.［1998］*Technology Integration.* Boston: Harvard Business School Press.（NTT コミュニケーションウェア株式会社訳『技術統合─理論・経営・問題解決』NTT 出版，2000 年）

● Schumpeter, J. A.［1934］*The Theory of Economic Development.* Cambridge, MA: Harvard University Press.（八木紀一郎・荒木詳二訳『シュンペーター　経済発展の理論（初版）』日本経済新聞出版，2020 年）

● Schumpeter, J. A.［1942］*Capitalism, Socialism and Democracy.* New York: Harper & Row.（中山伊知郎・東畑精一訳『資本主義・社会主義・民主主義』東洋経済新報社，1995 年）

─────────────────────────

参考文献

● 沼上幹［1989］「市場と技術と構想」『組織科学』23（1），59-69。

● 藤本隆宏［2001］『生産マネジメント入門 1：生産システム編』日本経済新聞社。

● 本條晴一郎［2018］「ユーザーイノベーションを前提とした製品開発─コミュニティとネットワークの分解」『AD STUDIES』65, 28-34。

● Coombs, R., P. Saviotti & Walsh, V.［1987］*Economics and Technological Change.* London: Macmillan Publishers.

● Freeman, C.［1982］*The Economics of Industrial Innovation.* London: Frances Printer.

● von Hippel, E. A.［1988］*The Sources of Innovation.* New York: Oxford University press.（榊原清則訳『イノベーションの源泉』ダイヤモンド社，1991 年）

イノベーションの発生・普及

1 イノベーション発生の論理

最初に，イノベーションがどこで興るのかをみていきましょう。

1.1 テクノロジー・プッシュとディマンド・プル

この視点は，イノベーションが，技術（テクノロジー）と，市場（マーケット）のどちら側から引っ張られて起こるのかという分類を示しています。

テクノロジー・プッシュとは，技術側の要因によってイノベーションが生まれるという立場です。技術がなければ始まらないということで，一見すると，もっともな立場であるといえるでしょう。

たとえば，スマートフォンという製品には半導体やフラッシュメモリーなどさまざまな技術が用いられています。企業はこうした技術をどのように組

み合わせれば製品ができていくのかを考えていきます。こうして，技術を基盤にようやくスマートフォンができたわけですから，技術なしに生まれなかったと言えるでしょう。

　同様に，電気自動車の場合も，やはりエンジンに代わる動力源がなければ生まれませんでした。さらに遡れば，馬という動力に代わるガソリンエンジンが発明されなければ自動車は今の姿になっていません。

　やはり技術がイノベーションを誘発するのでしょうか。この立場にはそれなりに強い説得力があると思われます。

　しかし，技術のことばかり考え技術を深掘りしていけば市場で受け入れられるイノベーションを起こせるのでしょうか？　むしろ，技術を主としたイノベーションは最近の日本企業の失敗にもみられるように，問題の根っこにあるとも言えます。技術だけではなく，市場の声を聴かなくてはいけないのではないでしょうか？

　一方で，**ディマンド・プル**とは，市場側に導かれてイノベーションが生まれるという立場です。必要は発明の母ということです。これもそれなりに強い説得力があるように思われます。顧客の求めるものを上市すれば，市場成果につながりやすいわけですから，市場がイノベーションを主導するというのは分かりやすい説明です。

　このようにみてくると，テクノロジー・プッシュとディマンド・プルのいずれかのみで説明がついてしまうのではなく，状況に依存してそれぞれが説明力を持っていることがわかります。

　一見すると，皆さんも見聞きしているように，いわゆる画期的な製品は，市場の声を超えたところに生まれています。使い古された事例ですが，アップル社の創業者のスティーブ・ジョブズが市場調査を必ずしも信用していなかった理由です。顧客は，完全に新しい製品で，見たこともない製品をどう思うのかと聞かれても答えようがありません。

　しかし，いったん画期的な製品が受け入れられて普及し始めれば，顧客の声を拾いながら小さな改良を重ねていくわけです。よって，イノベーションの技術と市場の引っ張り合いは，双方とも重要な視点です。

1.2 プロダクト・イノベーションとプロセス・イノベーション

　他にもイノベーションがどこで起こるのかという研究があります。イノベーションがどの段階で起きるのかによって，プロダクトかプロセスかに分けられます。

　プロダクト・イノベーションとは，製品そのものを生み出すイノベーションです。スマートフォンの前にどのような携帯電話があったか覚えている人はまだ多いと思います。日本では，日本のエレクトロニクスメーカーによる2つ折り携帯（フィーチャーフォン，ガラケー）が市場をほとんど占めていました。このような既存製品から，スマートフォンの開発がプロダクトのイノベーションです。

　プロセス・イノベーションとは，製品を作る工程に関するイノベーションです。ということは，いったんスマートフォンという製品が確定してから，どのように作ると効率的であるのかという工程のイノベーションです。より効率的に生産するということは，より低コストで生産することにつながります。

　実際に世の中を見れば分かるように，これらのイノベーションは交互に起こっていきます。つまり，製品そのものにイノベーションが集中する時期と逆にプロセスにイノベーションが集中する時期があります。

　プロダクト・イノベーションの時期に入ると既存の製品の枠にとどまらないさまざまな製品が生まれます。この間，新しい製品はこれだと決まった共通認識はありません。つまり，いくつかの将来的には淘汰されうる製品が併存していることになります。

　ドミナント・デザインとは，第2章でも説明しましたが，いくつかの淘汰されうる候補から新しい製品はこれであるという決まった共通認識です。ドミナント・デザインが確定すると，プロダクト・イノベーションよりもプロセス・イノベーションへと焦点が移っていきます。

　2つ折り携帯電話，つまり，フィーチャーフォン（ガラケー）から全画面型のスマートフォンへ移行する間にさまざまな製品が生まれていました。北

欧の会社が開発した物理的キーボードがたくさんついた携帯電話で，インターネットに接続できメールも送信できるという製品がありました。これもスマートフォンの一部として認識されていました。

　ところが，今の市場には全画面型のスマートフォンしか見当たりません。それはスマートフォンがドミナント・デザインとして受け入れられたからです。今後は，スマートフォンという枠組みの中でプロセス・イノベーションが進んでいくわけです。

　しかし，携帯電話は現在のスマートフォンが最終形なのでしょうか。つまり，これでイノベーションの終わりなのでしょうか。

1.3　技術のＳ字カーブと非連続性

　先に述べたように，もちろん，その先に，スマートフォンとは異なる製品そのもののプロダクト・イノベーションが待っているはずです。これまでの技術変化は次のようなことが観察されています。

　それは**技術のＳ字カーブ**です。技術のＳ字カーブは，技術の非連続性を示すものです。

　Ｓ字カーブは，初期段階では投資をしてもなかなか性能が上がりませんが，それでも粘り強く，既存企業が投資することによってだんだんと右肩上がりになっていきます。この右肩上がりの傾きはどんどんと上がっていき，ある閾値を脱すると急激に技術のパフォーマンスが向上し始めます。

　このまま上がり続けるかと言われればそうではありません。再び，性能の向上が鈍化していきます。それ以上投資してもほとんど伸びない限界に達してしまいます。

　この後，もう技術は先がなくなってしまうのでしょうか。そうではありません。そこで，この技術に代わる技術が出てきます。既存の技術と新しい技術の間にはジャンプがあります。これをＳ字カーブの非連続性と呼んでいます。

図表4-1 ▶▶▶ 技術のS字カーブ

出所：Burgelman *et al.* ［2009］, Foster ［1986］, 延岡 ［2006］ を参考に作成。

1.4 クリステンセンが主張する「分断的イノベーション」

　このように，新旧の技術の間で，ジャンプがあることによって，イノベーションは非連続になります。

　これまでみてきたように，ガラケーからスマートフォンへは非連続なイノベーションが起きていると理解していただけるでしょう。

　前のS字から次のS字へのつながりが，破断してしまっているので企業にとってはS字からS字へ移行することは容易ではありません。すでに投資してきた企業にとっては自らの能力や成功体験があり，また，顧客が現状の技術を高めることを望んでいるわけですから，次の技術を過小評価してしまいがちです。

　実際に，次の技術は，初期段階では性能が低いですから追い越すことは想定できないでしょう。ところが，次の技術は急速に性能を向上させます。旧技術の性能向上の右肩上がりの傾きが，新技術のそれよりも急であることから通常，追い越されないと判断されてしまいます。

　ただし，ある時点から新技術は，旧技術の性能を上回ってしまうことになります。この時点で，既存企業は取り返しのつかない選択をしてしまったことに気が付きます。しかし，ここから新しい技術へ移行しようとしてももはや後の祭りです。

　このように，初期段階では既存技術に比べて性能が劣っているが，異なる評価軸を持つ消費者に評価されることでその市場へ浸透し，そこで得られた資源を動員することで，急速に性能を伸ばしていきます。このことを「**分断**

的イノベーション」（第5章も参照）と呼びます。

　エレクトロニクス産業で何度も観察されたパターンなので，同じことが起こるのではないかと自動車産業の実務家たちは，大変警戒しています。

　具体的には，モーターによる電気自動車もこの例に当てはまると言われ続けています。確かに，電気自動車は100年単位の大きなイノベーションだと目されています。

　しかし，事はそう簡単ではありません。現在のところ，電気自動車はなかなか性能が追いつきませんし結果として普及しません。クリステンセンの分断的イノベーションで取り上げられている事例に比べて，新旧技術が交代するまでにとても時間がかかっているといえます。どうしてでしょうか。

　これを考えるためには，技術を採用し受け入れる側の要因を見なければなりません。そうしなければ，イノベーションが急速に普及して破壊的になるかどうかまで理解できないでしょう。なぜ相変わらず，エンジンが主たる動力源である自動車が市場を支配しているのでしょうか。

2 ／ イノベーション普及のパターン

2.1 ／ ロジャーズの普及のモデル

　ここからは，技術の面からではなく，受け入れる側からイノベーションの普及を考えてみましょう。通常は，製品やサービスの場合，顧客が採用者です。

　当然，買い手がいないとイノベーションは広がりません。なぜあるイノベーションは急速に広がるのに別のイノベーションは全く広がらないのでしょうか。ハイブリッド車はトヨタがプリウスを発売して以来，着実に**普及**しています。しかし，完全な電気自動車はほとんど普及していません。

　あるいは，何度も取り上げているスマートフォンという製品を考えてみましょう。このスマートフォンという製品が普及するのは，ガラケーよりも，技術的に革新的であり，優れているから普及するのでしょうか。

もしそれが正しいならば，電気自動車はハイブリッド車よりも技術的に革新的でない，そして優れていないから普及しないのだということになります。

しかし本当でしょうか。もし，そうだとしたら，「優れている」とはどういうことを意味しているのでしょうか？

冒頭に述べたように，これに答えるには優れているかどうかを評価する側である買い手，すなわち，採用者の視点から考えなければなりません。この点について，広くは技術やアイデアの普及として，ロジャーズは採用者個人の意思決定を社会学的に考察しています。そして，採用者がイノベーションを近くする要素を5つ挙げて整理しています（ロジャーズ［2007］，一橋大学イノベーション研究センター［2017］）。

重要なことなので再び強調しますが，ロジャーズは，もともと，製品やサービスに限らず，広く社会・文化的な技術やアイデアといった広い対象を想定して議論を組み立てています。たとえば，感染症を防ぐための方法の普及や新しい規制・法律の普及などです。ゆえに，普及の研究として長い間，影響力を保っているのです。

2.1.1 相対的優位性

相対的優位性は，「あるイノベーションがこれまでのイノベーションよりも良いと知覚される度合いのこと」です（ロジャーズ［2007］）。つまり，これまでのアイデアや技術と比較した場合の優れた点です。具体的な製品を考えたほうが分かりやすいでしょう。

スマートフォンは，どのような良さがあるでしょうか。すでにスマートフォンに移行してしまってからでは，ガラケーの良さと比較しにくいでしょう。

スマートフォンが普及する前に，日本で売れないと予想された理由は，日本語入力の方法が大きく変わるためでした。消費者にとっては新たな学習を必要とするイノベーションであったことがわかります。スマートフォンは，音楽が再生できることや，インターネットにアクセスできるといったさまざまな利点を持っていました。

確かに日本が当時，世界的にも最先端の機能を誇っていたガラケーも類似

した機能が搭載されていました。ですから，顧客にはわざわざスマートフォンに乗り換えるだけの優位性が見えなかったとも言えます。

　同じように，顧客には電気自動車の優位性が見えにくいままです。電気自動車が普及しない1つの理由は，本体の価格が高いこともありますが，これに加えて，ガソリンのようにごく短時間でエネルギーを充填できないことが挙げられています。

　ガソリンエンジンを搭載した自動車は，ガソリンスタンドで，5分程度で，給油して500km程度の航続が可能です。一方で，電気自動車は夜間ずっと電源を入れておいても200～300km程度しか航続距離がありません。

　このようにみると，電気自動車の普及が遅れてしまっている1つの理由が，相対的優位性にあると読み解くことができます。

2.1.2 両立可能性

　両立可能性は，「潜在的採用者がもつ既存の価値観や過去の体験そしてニーズに対して，あるイノベーションが一致している度合いのこと」です（ロジャーズ［2007］）。

　人間には現状維持の傾向がありますから，これまで身に着けた行動を大きく変えることを強いるような技術であれば拒絶されてしまうでしょう。

　現状の行動と矛盾しないかどの程度矛盾してしまうのかは，もちろん，技術によって異なります。

　ガラケーからスマートフォンでは，日本語の入力方法が物理的キーボードからタッチへと大きく変わりました。当時は，これが利用者にとってとても大きな行動の矛盾のように受け止められたのでしょう。

　ガラケーからスマートフォンへの移行と比較すれば，ガソリンエンジンの自動車から電気自動車への移行は，操作方法が全く異なるわけでもありませんし，両立可能性は高いといえるでしょう。

2.1.3 複雑性

　複雑性は，「イノベーションを理解したり試用したりするのが相対的に困

難であると知覚される度合いのこと」です（ロジャーズ［2007］）。ということは，容易である，わかりやすいと知覚されればそれだけ普及は早くなるということです。

この点については，何度もスマートフォンの成功の原因として指摘されています。つまりユーザーインターフェース（UI）が優れていたからだということです。たとえば，製品本体のボタンの数がどれくらい違うのかと比較されたことがあります。スマートフォンは，とてもシンプルで，一般に分厚い説明書が添付されていません。

画面をタッチしていくことを通して，説明書不要で，直感的に触っていくことでその製品を使いこなしてしまうというわけです。これは，複雑性が低く，分かりやすいことの表れでしょう。

同様に，電気自動車は，これまでの自動車と同じ運転免許で利用できますから，複雑性が高いわけではありません。

2.1.4 試用可能性

試用可能性は，「イノベーションが小規模にせよ経験しうる度合いのこと」です（ロジャーズ［2007］）。つまり，試すことができるかどうかを意味します。スマートフォンが現れたときに，タッチで操作できるという動作が珍しくて友人に試しに触らせてもらった人も多いかもしれません。このようにその場で試すことができることが普及の大きな後押しになります。

もちろん，新しい製品に少し触れたとしてもすぐに購入しようと思わないかもしれません。ただ，少なくともスマートフォンが上市される前に，タッチパネルのついた携帯型音楽プレイヤーを手にしたあるいは見たことがある消費者が少なくなかったのではないでしょうか。この意味では，潜在的に試用が可能であったと言えます。

一方で，電気自動車を試すには，ディーラーまで出向いて試乗しなければなりませんし，いま所有しているガソリンエンジンの自動車と同じ条件で使って試すにはさらに時間を要するでしょう。試すためのハードルが高いと言えます。

2.1.5 観察可能性

　観察可能性は，「イノベーションの結果が他の人たちの目に触れる度合いのこと」です（ロジャーズ［2007］）。

　スマートフォンの場合，非常に容易です。どれだけの人がスマートフォンを持っているのか，私たちはさまざまなところで目にすることができます。電車で周囲を見回すと，ほとんどの乗客はスマートフォンを手にして熱心に何かをしています。

　そして，スマートフォンを使えばどんなことができるのか，これは持っている友人に問いかければよいわけです。このようにして多くの人が，そして，身近な友人までも新しい製品を採用したのだと知れば，それだけ普及しやすくなるのは分かるでしょう。

　ところが，電気自動車の場合，「みんなが乗り換えている」ということは観察しにくいです。自動車のデザインだけでは，電気自動車かどうかほとんど分かりませんし，どの程度燃費が良い，操作性が良い，快適に運転できるといったことも把握できません。

　すでに述べたように，以上の5つの知覚は，顧客側に立った知覚です。

　技術志向でいくら性能が高いものを作ったとしても，顧客が知覚するとは限りません。普及するかどうかは，そのイノベーションを顧客がどう知覚するかにかかっているという点で，一貫して顧客の側からイノベーションを捉えようとしているわけです。

　以上のようにスマートフォンと電気自動車を比較すれば，電気自動車は，相対的優位性やあるいは観察可能性で乗り越えなければならない問題があることが分かります。

2.2 採用者のカテゴリーと普及

　前節のモデルは普及速度と結び付けて，さらに深く議論されています。つまり，ロジャーズは，採用する速さによって段階的に個人を分類しました。

それは、①イノベーター（革新者）、②アーリーアダプター（初期採用者）、③アーリーマジョリティ（初期多数派）、④レイトマジョリティ（後期多数派）、⑤ラガード（採用の最も遅い人々）です（ロジャーズ［2007］）。

ロジャーズは正規分布を用いて、それぞれの採用者カテゴリーの分布を示しています。それぞれ、カテゴリー全体の、2.5%、13.5%、34%、34%、16%です。これはあくまで理念型です。こうした社会を構成する人々は、カテゴリーに分けられるということです（**図表4－1**）。

①イノベーターは、2.5%と少ないですが最初に新しい技術を採用してくれます。これらの少ない人たちが製品を評価してくれることで普及するきっかけになります。「冒険的」であることが特性であり、既存の社会システムから離れて新しいイノベーションを採用しようと進みます。

すでにスマートフォンが当たり前の世界に住んでしまっている人にとっては信じられないかもしれませんが、2007年にiPhoneが発売されたときには、徹夜して並ぶ人たちが続出しました。こうした社会現象を起こした人たちは、まさにイノベーターとしての採用者です。

②アーリーアダプターは、イノベーターから社会システムの大多数のつなぎ役です。積極的にイノベーターとアーリーマジョリティの間でコミュニケーションを仲立ちします。

たとえば、友人が、iPhoneだから、同じくiPhoneにしたということも聞くでしょう。このように製品の普及には、友人のネットワークが効果的です。また、アナログのネットワーク効果によって製品はどんどんと普及していきます。オピニオンリーダーがいるとすると、その人の意見にひかれて同じ行動をとってしまうかもしれません。他者に採用を促すという意味でオピニオンリーダーと呼ばれています。

①と②の採用者まで何とか達成させられるかがポイントです。このようなカテゴリーの人々が連動して市場にイノベーションは広がっていくのです。

大多数は、③や④のマジョリティと呼ばれるカテゴリーに当たります。

③のアーリーマジョリティと、④のレイトマジョリティの違いは、前者が社会システムの半数が採用した前、後者はその後に、イノベーションを採用

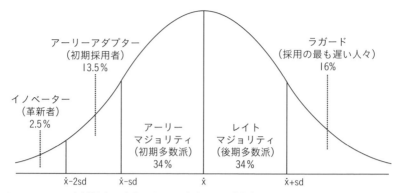

イノベーションを採用する時点によって計測される革新性の次元は，連続的な量である。
革新性の変数は，採用時点の平均値(x̂)から標準偏差(sd)分ずつずらすことで，
5つの採用者カテゴリーに区分される。

出所：ロジャーズ［2007］。

するかどうかです（ロジャーズ［2007］）。

　残りの⑤のラガードは，「イノベーションを最後に採用する人々」です（ロジャーズ［2007］）。スマートフォンの普及率は70%を超えたとも言われています。レイトマジョリティに行き渡り，次にラガードにも達するところでしょう。

　一方で，先に例を出した電気自動車の普及率は，現時点では低いです。そうはいっても，すでにガソリン車をやめて電気自動車に乗り換えてしまった方がいるかもしれません。すでに乗り換えている人はイノベーターであるわけです。ここから電気自動車が乗り越えなければならないのは，イノベーターと初期採用者の合わせて最低限の普及水準を超えることです。

　紙幅の都合上触れることができませんでしたが，もちろん，消費者の知覚や採用者カテゴリー，製品とその関連製品・サービスの補完性，そしてネットワークの外部性も当然に普及に影響するでしょう。

　また，それぞれの採用者カテゴリーごとに消費者の性質が異なるわけですから，それに合わせてイノベーター以降の製品は改良されていきます。

3 / 製品ライフサイクル復活のメカニズム

3.1 製品のライフサイクル

　製品ライフサイクルとは，製品に寿命があるという考え方です。具体的には，導入期，成長期，成熟期，衰退期の四期に分けられます。経営学やマーケティング戦略の入門レベルで何度も出てくるおなじみのモデルでしょう。

　このモデルによれば，導入期は投資が大きいものの市場が小さいという特徴があります。それに続き，製品の成長期では，市場が大きくなるものの相変わらず投資が大きくなります。これは，活発にイノベーションによる競争が起きるためです。確かに，スマートフォンの場合には，画面やカメラの解像度が急激に上がるといったことがみられました。

　次の成熟期では，少しずつ市場規模が小さくなっていきます。イノベーションの焦点は第1節で示したプロダクトではなくプロセスへと移っていきます。

　そして製品は衰退期を迎えてしまいます。市場が縮小し，なくなってしまいます。ところがいくつかの製品では，このモデルとは異なる推移がみられます。なぜそのようなことが起こるのでしょうか。どうやらヒントは成熟期にあるようです。ここでは成熟期に焦点を当ててみていきましょう。

3.2 成熟した市場

　先述したロジャーズは，「個々人あるいは諸機関にとっての課題はイノベーション採用速度をいかに速めるかというところにある」と述べています（ロジャーズ［2007］，2頁）。

　一方で，普及してしまったイノベーションは，企業にとって難しい課題を突き付けます。すなわち，前項でみた製品ライフサイクル理論が示すように，市場の成熟期には新しい技術を投入するといったイノベーションはみられな

くなる傾向にあります。

　この段階になると，消費者はもはや価格を重視して製品を選ぶようになっています。この段階では製品差別化による競争は限られていると言えるでしょう。消費者に差別化が響かないので価格に注力することは合理的であるとも言えます。第1節で述べたように，プロダクトよりもプロセスのイノベーションへと競争の焦点が移ります。

　しかしイノベーションをうまく興していくことで再びライフサイクルを戻していく事例がみられます。

3.3　成熟した市場で新たなイノベーションを興す

　製品ライフサイクルの法則に反して新たなイノベーションを興す事例として，たとえば，掃除機市場では掃除機はコモディティ化していて価格のみでしか違いがみられないように思われるかもしれません。

　これを**脱成熟**と呼びます。脱成熟とは，「既存事業でのイノベーションを通じて企業を再び成長軌道に乗せるためのアクションあるいは戦略」です（加護野［1989］，新宅［1992］）。

　白物家電市場はすでに買い替え需要に依存して成長期から成熟期へと移りさらに衰退期へと進んでいます。たとえば，掃除機市場をみてみましょう。掃除機を買うときには，すでに価格が主たる決定要素になっているのではないでしょうか。

　しかし，この掃除機市場を変えた製品があります。「吸引力が変わらない」というコピーで参入したダイソンです。こうした不変の吸引力という性能に加えて，ダイソンの掃除機はデザインを重視しています。

　掃除機は，どれも同じで1万円前後から買えるという時代に，ダイソンの掃除機は相対的に高い価格帯を維持しています。

　さらに，ダイソンは，このほかに白物家電を次々に脱成熟化させていきました。たとえば，ハネのない扇風機や，ハネのないドライヤーなどです。現在も，連続的にさまざまな製品群を投入しています。このようなダイソンの

企業行動は，白物家電市場に活況をもたらしました。

こうした事例は，なにも外国企業のみにみられるものではありません。

炊飯器市場はインバウンド需要でも大きな注目を集めています。たとえば，日本の炊飯器は次々と高級品が出ていてヒットを飛ばしています。最近は，土鍋や南部鉄器を採用した高級炊飯器があり，お米をおいしく炊けることをアピールしています。炊飯器の平均価格よりも高い価格帯で勝負しているのです。

コモディティ化しているはずの市場でこのように製品差別化のために投資を行い，再びライフサイクルを延長して競争を起こしている，これらは脱成熟化の例です。このように，成熟した製品市場で時計の針を戻すのも，やはりイノベーションです。

イノベーションは，技術革新と訳出されることが多いです。ところが，この訳出について多くの批判があることを耳にしたことがあると思います。技術革新とするとなにがまずいのでしょうか。

中国語では，創新という訳語になっています。こちらのほうが適切だと言う研究者がいます。つまり，イノベーションには必ず技術が関わるわけではないということです。

この節で触れたように普及は技術が良いということだけが決定打になるわけではないです。同様に，脱成熟化は技術だけが新しいわけではありません。そこにはデザインや売り方やイメージが重要な役割を果たしています。

イノベーションを考えるときには，やはり，包括的に論じたシュンペーターの古典に立ち返りましょう。そうすれば，脱成熟を実現するイノベーションのヒントが見つかるかもしれません。

Working 調べてみよう

1. ある市場でイノベーションが発生した論理を確認してみよう。
2. イノベーションによって脱成熟が起こった市場の事例を挙げ，どのような変化が起きたのか考えてみよう。
3. スマートフォン，電気自動車など新しい製品の普及率の推移を調べてみよう。

1. 破壊的イノベーションによって既存企業が失敗した市場について要因を議論しよう。
2. なぜ特定の製品の普及速度はとても速く，他の製品はとても遅いのかについて何が普及を促進しているのか，あるいは阻害しているのか要因を議論しよう。

▶▶▶さらに学びたい人のために ──────────────────

- Kotler, P. and Keller, K. L. [2006] *Marketing Management*, 12th Edition, Prentice-Hall.（恩蔵直人監修，月谷真紀訳『コトラー＆ケラーのマーケティング・マネジメント（第12版）』丸善出版，2014年）
- Christensen, C. M. [1997] *The Innovator's Dilemma*, Boston: Harvard Business School Press.（玉田俊平太監修，伊豆原弓訳『イノベーションのジレンマ―技術革新が巨大企業を滅ぼすとき』翔泳社，2011年）
- Rogers, E. M. [1995] *Diffusion of Innovations*（5th ed.），Free Press.（三藤利雄訳『イノベーションの普及』翔泳社，2007年）

参 考 文 献

- 加護野忠男［1989］「成熟企業の経営戦略」『国民経済雑誌』159（3），pp.85-102。
- 延岡健太郎［2006］『MOT［技術経営］入門』日本経済新聞社。
- 一橋大学イノベーション研究センター編［2017］『マネジメント・テキスト イノベーション・マネジメント入門（第2版）』日本経済新聞出版社。
- Burgelman, R. A., Christensen, C. M. and Wheelwright, S. C. [2009] *Strategic Management of Technology and Innovation 5th edition*, McGraw-hill Irwin, Boston.（青島矢一・黒田光太郎・志賀敏宏・田辺孝二・出川通・和賀三和子監修，岡真由美・斉藤裕一・櫻田祐子・中川泉・山本章子訳『技術とイノベーションの戦略的マネジメント（上）』翔泳社, 2007年）
- Christensen, C. M. [1997] *The Innovator's Dilemma*, Boston: Harvard Business School Press.（玉田俊平太監修，伊豆原弓訳『イノベーションのジレンマ―技術革新が巨大企業を滅ぼすとき』翔泳社，2011年）
- Foster, R. [1986] *Innovation: The Attacker's Advantage*.（大前研一訳『イノベーション―限界突破の経営戦略』TBSブリタニカ，1987年）
- Rogers, E. M. [1995] *Diffusion of Innovations*（5th ed.），Free Press.（三藤利雄訳『イノベーションの普及』翔泳社，2007年）

第5章 イノベーションのダイナミクス

Learning Points

▶イノベーションは常に一定ではなく変化していくものであるということを理解します。

▶既存の大企業が非連続なイノベーションに弱い理由を理解します。

▶さまざまなタイプのイノベーションの種類について理解します。

▶非連続なイノベーションに対応する方法について理解します。

Key Words

構造的慣性　脱成熟　能力破壊型イノベーション　分断的イノベーション

1 変化するイノベーション

　これまで，イノベーションがどこでどのように発生し，どのように広がるのかをみてきましたが，本章では，時間経過とともにイノベーションがどのように変化していくのかを考えていきましょう。すでにイノベーションは技術的なものに限らないという話はしましたが，ここではイノベーションの代表として，新たな技術が新しい事業を興して経済的な収益をもたらした事例を考えてみましょう。

　最近ではテレビ放送を見る人が減ってきたと言われていますが，それでも，スマホやゲーム機などで，何らかの動画は見ているはずです。第3章でも例示しましたが，この動画を表示させる技術として，20世紀の初めにドイツで開発されたブラウン管という技術を使って日本人が初めてテレビ技術を開発しました。以降，2000年代の半ばくらいまでテレビと言えばブラウン管でした。テレビ局やゲーム，PCの画面など，新たなビジネスはブラウ

ン管という技術的イノベーションによってもたらされ，さまざまな事業で収益化が行われました。しかし，2000年代に入ったころから，液晶テレビというブラウン管とは全く異なる構造，技術のテレビが出現し，あっという間に世界中のテレビは液晶テレビに置き換わりました。

　つまり，ブラウン管テレビというイノベーションは，液晶テレビという新しいイノベーションによって覆されたわけです。このように，一度起きたイノベーションは永久には続くことはなく，どこかで終焉を迎えることになります。このように，イノベーションとは時間の経過とともに変化していくものなのです。20世紀に日本のブラウン管テレビは世界のテレビ市場を席巻しましたが，液晶テレビのその役目を譲ると，ブラウン管そのものの需要がなくなり，最終的には，ブラウン管を製造していた各メーカーはブラウン管工場を閉鎖しました。

2 イノベーションの変化の連続性

　イノベーションは時間経過とともに変化すると言いましたが，その変化が連続的なものか，非連続なものかでその意味は大きく違ってきます。

　先に挙げたブラウン管テレビから液晶テレビへの変化は全く異なる技術への変化でした。しかし，液晶テレビが登場して20年以上，液晶テレビそのものにも絶え間ないイノベーションが起きています。画面サイズが大きくなったり，これまでよりも安く作るための技術や設備を開発したり，あるいは，今までよりも綺麗に表示できる液晶テレビが開発されてきました。こうした1つ1つの開発活動もまた経済的な収益を生み出すイノベーションであり，こうした連続的なイノベーションのことを**インクリメンタル（漸進的）・イノベーション**と言います。

　一方，ブラウン管テレビから液晶テレビのような全く異なるイノベーションへの変化を**ラディカル（根本的）・イノベーション**と言います。

3 非連続なイノベーションに弱い既存の大企業

ここでちょっとだけ技術的な話をさせてください。ブラウン管とは，中身を真空状態にした大きな管です。中身を真空にするために大きな圧力に耐えるために分厚いガラスで覆われた管が，ブラウン管です。

古い技術を知っている人なら真空管という電子部品の名前を聞いたことがあるかもしれませんが，ブラウン管も巨大な映像を映すための真空管でした。

現在の 32 インチの液晶テレビの重さは 5 キロ弱ですが，同じ 32 インチのブラウン管テレビは 50 キロ以上もありました。

この巨大な真空管にとても高い電圧，どのくらい高いかと言えば，家庭の電気コンセントが 100V ですが，その 20 倍以上の高電圧をかけると，真空管の中に電子が飛び出します。この電子が画面の裏側に塗られた蛍光塗料にぶつかると光を発します。

これだけですと，1 つの点しか光りませんので，ブラウン管には高い周波数をかけた電磁石をつけて，周波数を変えることで電子が飛ぶ方向を曲げてあげるのです。連続的に電子を曲げて動かす，ブラウン管全体を面として光らせる，これがブラウン管の基本原理です。

一方で，液晶テレビは，画面に無数の小さい穴が空いていて，その後ろに平面のライトが配置されています。1 つ 1 つの穴にはスイッチがついていて，そのスイッチを開けたり閉めたりすることで，背面のライトの光を通す通さないをコントロールして画面を表示しています。この液晶画面についているたくさんの小さなスイッチは半導体でできているので，液晶パネルとは大きな半導体製品ということができます。

さて，テレビがブラウン管から液晶テレビに変わると，企業内部では何が起きるでしょうか。ブラウン管を作るためには，高い電圧をかける必要があるので，高電圧の専門技術が必要になります。また，電磁石は高い周波数の電気でコントロールするため，高周波の専門技術が必要になります。しかし，テレビがブラウン管から液晶に変わると，高電圧の技術も高周波も不要にな

ります。その代わりに液晶に使う半導体の技術が必要になります。つまり，非連続なイノベーションが起きると，それまでの企業の蓄積してきた技術や資源が不要になるということなのです。

　つまり，既存の大企業にとって，非連続なイノベーションとは，自分たちの技術や資源を無意味にする困ったイノベーションと言えます。

　さらにもう1つ，既存の大企業では，既存のイノベーション活動が新たな非連続なイノベーションを阻害するということが起きます。ブラウン管の例で考えてみてください。もし，皆さんが，ブラウン管にしか使われない高電圧や高周波のエンジニアだったとしたら，非連続なイノベーションが起きてしまうと自分の仕事がなくなってしまうかもしれません。そうすると，既存技術のエンジニアは自分たちの仕事を守るために，できるだけ新しいイノベーションに移行しないように働きかけるようになります。

　このように，できるだけ現状を維持しようとする動きのことを**構造的慣性**（structural inertia）といいます。また，ハーバード大学のレオナルド＝バートン教授は，企業は非連続なイノベーションに直面すると，過去の中核的能力（コア・ケイパビリティ）が，**中核的硬直性（コア・リジディティ）**になると指摘し，既存の大企業ほど，非連続なイノベーションに後ろ向きになることを示しています（ドロシー・レオナルド＝バートン教授は，現在ドロシー・A. レオナルド教授と名乗られていますが，ここでは中核的硬直性の議論を行っていた頃の名前で記しています）。

　次節から，さまざまなタイプの非連続なイノベーションをみていきますが，基本的に大企業は非連続なイノベーションに弱く，非連続なイノベーションが起きると大企業に失敗がもたらされることが多いのです。

4 ／ さまざまなイノベーションのタイプ

　経営学や経済学において**ダイナミック**という言葉は，時系列的な変化を表します。日本語では動的といいます。対義語は**スタティック**，静的といいま

す。企業が持続的に成功を続けるためには，長期にわたってイノベーション
を創出し続けなければいけません。しかし，イノベーションには連続的なイ
ノベーションと非連続なイノベーションがあることを前節で示しました。

　連続的なイノベーションでは，既存の大企業の過去の技術蓄積や大きな研
究開発投資がイノベーションを有利に導きます。しかし，次項以降をみてい
く非連続なイノベーションは，大企業の有利さを一度リセットしてしまう状
況が発生します。つまり，イノベーションのダイナミクスをみていくと，企
業の栄枯盛衰をみることができるのです。

4.1　生産性のジレンマ

　イノベーションのありようが変化するというイノベーションのダイナミク
スの考え方は，ハーバード大学のアバナシー教授の**生産性のジレンマ**の指摘
に端を発しています。

　アバナシー教授はフォードの自動車工場のケーススタディを長期間行った
結果，同じフォードの工場であっても生産性の高い工場と低い工場があり，
生産性の高い工場では新しい製品のアイデアが生まれにくく，生産性の低い
工場では反対に新しい製品のアイデアが生まれやすいという関係性を見つけ
ました。

　このことから，時間経過に伴ってイノベーションの性質が変化するという
ことが分かったのです。この頃の研究ではまだ，大企業がイノベーションの
性質によって失敗しやすくなるということは明らかになっていませんでした。

　しかし，それまでイノベーションにさまざまな種類があるという発想があ
りませんでしたので，アバナシーの研究以降，イノベーションを類型化する
という研究が進み，研究の進展とともにさまざまな非連続なイノベーション
が明らかになり，それらによって，大企業が失敗するときのメカニズムが明
らかになっていきます。

　アバナシーの研究では，ある事業におけるイノベーションは，初期におい
ては新しい技術や製品を開発するためのもの（**製品イノベーション**）が中心

となります。この時期はさまざまな技術や製品のアイデアが提案され，「この製品はこういうものである」という統一的な形が定まっていないので，流動期と呼ばれます。時間経過によって，製品イノベーションが進展すると次第に製品の仕様や形状が固まってきます。これ以上製品の変化が起こらないような状態を製品の**ドミナント・デザイン**の成立といいます。ドミナント・デザインが成立すると，製品イノベーションによる差異化が効かなくなり，イノベーションの主体はより効率的に製品を生産するためのプロセス改善（**工程イノベーション**）にシフトします。このような状況では，企業間の競争は同質的な価格競争になるため，コストダウンのための工程イノベーションが活発になると考えられます。製品イノベーションから工程イノベーションへの移り変わりの時期を移行期と呼びます。さらに工程イノベーションも出尽くすと，製品イノベーションも工程イノベーションも起きずに規模の経済性だけが競争優位をもたらす状況となって市場の寡占化という**成熟化**が生じます。市場が成熟化した時期を固定期と呼びます。**図表5−1**は流動期・移行期・固定期への変化を表しています。

図表 5−1 ▶ ▶ ▶ 成熟化のプロセス

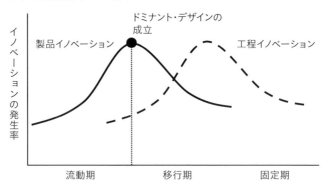

出所：Abernathy & Utterback［1978］, Utterback［1992］をもとに筆者作成。

4.2 ▶ 脱成熟による競争環境のリセット

　成熟化した市場に再び変化が訪れるのは，非連続なイノベーションが生じたときです。アバナシーとアッターバックという研究者は生産性のジレンマの研究をさらに進めて，顧客の嗜好の変化や従来とは全く異なる技術の登場によって，ドミナント・デザインとして固定化された製品に大きな変化が生じると，固定期に入った市場も再び流動化すると指摘しました。これを**脱成熟**と呼んでいます。図表５−２は，流動期から移行期を経て固定期にいたって，成熟化を迎えた後に，脱成熟化が生じて新たな流動期を迎える流れを示しています。このような成熟化と脱成熟化の連続をアッターバックは**イノベーションのダイナミクス**と呼んでいます。

　東京大学の新宅純二郎教授は，成熟化，脱成熟化の議論を受けて，非連続なイノベーション（**ラディカル・イノベーション**）が生じると既存の大企業が持つ過去の蓄積が無意味になり，再び競合企業との間で対等な競争が始まるとしています。イノベーションの変化が大企業の既存の優位性をリセットしてしまうということがこの研究では指摘されました。

　アバナシーの研究を契機に，その後の研究（上記の新宅教授の研究も含め）では，イノベーションのダイナミクスの中で，大企業が持っていたそれまで

図表５−２ ▶ ▶ ▶ イノベーションのダイナミクス

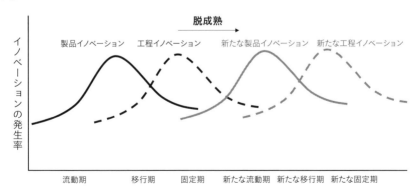

出所：Abernathy & Utterback［1978］, Utterback［1992］をもとに筆者作成。

の強みが否定されてしまう非連続なイノベーションのさまざまなパターンの分析が数多く行われるようになりました。

4.3 　能力破壊型イノベーション

　タッシュマンとアンダーソンという経営学者は、ミニコンピューター、セメント、航空産業の事例研究を通じて、桁違いな技術的な変化が、既存の大企業が持つ技術的蓄積を無意味にしてしまう**能力破壊型**（competence-destroying）**イノベーション**の存在を示しました。これに対して、既存の技術の連続性の上に、既存技術を強化するようなイノベーションのことを**能力温存型**（competence-enhancing）**イノベーション**と言います。たとえば、ロウソクを照明器具として使用していた時代に、より長持ちするロウソクやより安価なロウソクを開発するようなイノベーションはロウソクという技術の蓄積をベースに改良を加えていく開発ですので、能力温存型イノベーションと言えますが、ロウソクとは全く異なる技術を用いた電球が照明市場に登場すると、既存のロウソクメーカーは照明市場から姿を消すことになります。これが能力破壊型イノベーションです。

　さらにアバナシーとクラークらは、技術的な変化だけでなく、イノベーションと市場や顧客との結びつき方が温存的か破壊的かという市場に対する変革力も、非連続なイノベーションをもたらすということを示しています。

4.4 　クリステンセンの分断的イノベーション

4.4.1 　分断的イノベーションとは

　大企業に失敗をもたらすというイノベーションの類型に関する研究で最も有名な研究がハーバード大学のクリステンセン教授による『イノベーションのジレンマ』（*Innovator's Dilemma*）の研究です。なぜなら、クリステンセンは、さまざまな非連続なイノベーションを乗り越え、顧客のニーズに耳を

傾ける優良企業が，優良企業であるがゆえに失敗するというのがこの研究の新奇性だと指摘しています。クリステンセンもイノベーションと市場との関係性の変化に着目し，**分断的イノベーション**（Disruptive Innovation）という概念を提示しています。Disruptive Innovation は『イノベーションのジレンマ』の邦訳書では，「破壊的イノベーション」と訳されています。これはタッシュマンとアンダーソンの能力破壊型イノベーションとは全く異なる概念であるので注意が必要です。そもそもタッシュマンらは破壊型をdestroying と表現していますが，クリステンセンは disruptive と表現しています。disrupt には引き剥がすという意味があります。クリステンセンの議論も既存の市場から引き剥がされ，分断された市場の議論をしていますので，本書ではあえて，分断的イノベーションと訳しています。では，分断的イノベーションがどのような意味を持っているのか議論していきましょう。

4.4.2　ハードディスク産業における分断的イノベーション

クリステンセンは，ハードディスク産業の事例分析に基づいて，新旧顧客のニーズの違いによって，イノベーションの非連続性がもたらされることを示しました。ハードディスクは PC やそれ以前の大型コンピューターで用いられてきた外部記憶装置です。最近では半導体メモリを用いた SSD という製品に置き換わりが進んでいますが，今日でも低価格な PC では，外部記憶装置にハードディスクが使われています。

ハードディスクは世代によって，14 インチ，8 インチ，5.25 インチ，3.5インチ，2.5 インチと異なるサイズの製品がありました。また，それぞれの世代の製品の中でも，容量の大小やスピードの違いによってさまざまな製品がありました。

ハードディスクは外部記憶装置ですから，もちろんより多くのデータが記録できるとより性能の高い製品であるといえます。ところで，世代によってハードディスクのサイズが異なるのは，使われる用途が異なるからです。14インチは大型汎用コンピューター用，8 インチはミニコンと呼ばれたオフィス用のコンピューター，5.25〜3.5 インチはデスクトップ PC，3.5〜2.5 イ

ンチはノート PC 用と，世代を追うごとにサイズは小さくなり，より小型の
ハードディスクが必要なコンピュータに搭載されています。

　よりサイズが小さくなればなるほど，大容量のデータの記録は難しくなり
ます。つまり，より多くのデータを記録するという性能を上げるだけを考え
れば，ハードディスクの世代を進化させるより，同じ世代のより大容量のハ
ードディスクを開発したほうがよいということになります。

　デスクトップ PC で使われていた 5.25 インチドライブ（**図表 5 − 3 の🅐**）
と，ノート PC で使われた 3.5 インチドライブ（**図表 5 − 3 の🅑**）で考え
てみましょう。デスクトップ PC とノート PC では同じ PC でも使われ方が
異なります。オフィスで据え置きなのか，持ち運びが必要になるかというこ
とです。もし，持ち運びを考えないデスクトップ PC であれば，無理にハー
ドディスクのサイズを小さくするよりは，大容量の記録ができたほうが顧客
のニーズにかないます。一方，ノート PC は多少記録容量が下がっても，コ
ンパクトなサイズに仕上げる必要があります。

　つまり，同じ PC であっても，異なるニーズ，異なる市場が存在しており，
そこに対応するハードディスクの製品開発の方向性も異なるわけです。世代
の古いハードディスクの顧客ニーズに合わせるなら，既存のサイズでより高
容量を目指すことになります。

　既存市場の顧客ニーズに応える形で既存製品を作るメーカーは優良企業と
言ってもよいでしょう。しかし，時間が経過すると，新規市場であるノート
PC の市場が大きくなり，3.5 インチドライブの性能も向上します。新しい
世代のハードディスクの開発を手がけるのはいつも新規メーカーです。新規
メーカーは既存顧客に縛られていませんので，新しいコンピューター市場の
ニーズに合わせてハードディスクの製品開発をします。さらに，新しいコン
ピューターの市場（たとえば，デスクトップ PC に対してノート PC の市場）
が伸長し，既存市場の規模が小さくなると，ハードディスクの製品開発は新
しい世代の製品にシフトし，いずれは前の世代のハードディスクよりも性能
面で上回ってしまいます。

　そうなると，既存のハードディスクメーカーは，既存市場のニーズに応え

図表 5－3 ▶▶▶ HDD のニーズと記録容量の変化

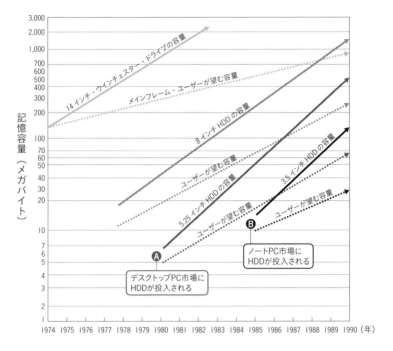

出所：バウアー＆クリステンセン［2009］，97頁をもとに筆者作成。

たがゆえに，ハードディスク市場から追いやられてしまうことになります。
この例では，ハードディスクという技術自体は連続的なものであり，異なる
のは顧客ということになります（**図表 5－3**）。

4.4.3 既存企業の失敗を招く分断的イノベーション

　クリステンセンの議論を少し抽象度を上げた説明にしてみましょう。分断
的イノベーションでは，既存企業は既存顧客のニーズに誠実に応えることに
よって，それが新規顧客のニーズに合致せず，既存企業が既存顧客のニーズ
に適応すればするほど，新規市場での事業に失敗しやすくなるということに
なります。顧客ニーズをしっかり把握することは悪いことではないはずで，
むしろ顧客の声に耳を傾ける優良企業と言えます。しかし，優良企業が優良

企業であるがゆえに失敗をする，それが分断的イノベーションなのです。

4.5 　アーキテクチュラル・イノベーション

　非連続なイノベーションシリーズの最後に紹介するのは，ヘンダーソンと
クラークによる**アーキテクチュラル・イノベーション**の研究です。この研究
は，技術の変化を2つの次元で捉えたイノベーションの分類を行っています。

　1つは，個々の部品技術のコンセプトの変化の有無であり，もう1つは，
アーキテクチャの変化の有無です。アーキテクチャについて詳しくは第10
章で解説しますが，ここでは部品と部品の結びつき方と覚えてください。

　たとえば，同じPCでも，**モジュール型のアーキテクチャ**を採用するデス
クトップPCでは，部品と部品をつなぎ合わせるインターフェースのルール
（**デザイン・ルール**）が統一され，誰でも簡単に汎用のモジュール部品を組
み替えることができます。ハードディスクやメモリなどのモジュール部品が
簡単に交換できるのがデスクトップPCの特徴です。

　一方，ノートPCは限られた筐体の中に効率よく部品を組み込むことが必
要になるので，デスクトップPCに比べると汎用部品であるモジュールの組
み合わせでなく，専用部品を他の部品と調整しながら，コンパクトに配置す
る必要があります。こうした部品と部品との間に調整が必要なアーキテクチ
ャを**インテグラル型のアーキテクチャ**と呼びます。

　図表5－4がヘンダーソンとクラークが分類するイノベーションのタイ
プです。ここでは，個々の部品技術もアーキテクチャも大きく変化していな
いイノベーションを**インクリメンタル（漸進的）・イノベーション**と定義し
ています。

　次に，アーキテクチャは変化せずに，個々の部品技術のコンセプト（中核
的概念）の変化がある場合，すなわち，非連続な部品技術の変化が生じた場
合を**モジュラー・イノベーション**と呼びます。アークテクチャを構成するモ
ジュール（個々の部品）に関する非連続な変化なのでモジュールのイノベー
ション，つまりモジュラー・イノベーションというわけです。

図表5-4 ▶▶▶アーキテクチュラル・イノベーション

中核的概念

強化　　　　　　　　転換

<table>
<tr><td rowspan="2">中核的概念とコンポーネントとの結びつき</td><td>不変</td><td>**インクリメンタル(漸進的)・イノベーション**
Incremental Innovation</td><td>**モジュラー・イノベーション**
Modular Innovation</td></tr>
<tr><td>変化</td><td>**アーキテクチュラル・イノベーション**
Architectural Innovation</td><td>**ラディカル・イノベーション**
Radical Innovation</td></tr>
</table>

出所：Henderson & Clark [1990].

　一方，モジュールの非連続な変化はなく，アーキテクチャ（中核的概念とコンポーネントとの結びつき）が大きく変わるものを**アーキテクチュラル・イノベーション**と呼びます。個々のモジュールに関わる変化は連続的でありながら，アーキテクチャは非連続に代わるケースです。

　最後の**ラディカル・イノベーション**はモジュラー・イノベーションとアーキテクチュラル・イノベーションが同時に起きるケースです（ここでいうラディカル・イノベーションと本章の冒頭で述べたラディカル（根本的）・イノベーションは言葉は同じですが，定義が少し異なるので注意が必要です）。ラディカル・イノベーションは，非連続な変化と非連続な変化の組み合わせであり，不確実性が高くなるので企業が採るべき戦略ではないとされています。

　ヘンダーソンとクラークの研究では，半導体製造装置開発の事例研究によって，技術や市場に変化がない場合でも，製品のアーキテクチャの変化が生じると既存企業の優位性が損なわれることを示しています。

5 ／ 非連続なイノベーションを乗り越える

　これまで見てきたように，非連続なイノベーションは競争環境をリセット

し，大企業に不利な状況を生み出します。さまざまなタイプの非連続なイノベーションは既存の大企業の研究開発活動に混乱を生じさせることになり，たとえ極めて優良な企業であったとしても対応を誤ると一瞬にして過去の技術や経験の蓄積を無にしてしまうことがあります。

　既存企業が非連続なイノベーションに弱い要因としては，組織が既存環境に適合しようとする構造的慣性の存在，新技術に対する過小評価，既存組織の効率化が新規情報の獲得を妨げること，既存の中核能力そのものが新規事業における硬直性になること，技術進歩のスピードの読み違いなどが指摘されています。いずれの要因も既存組織が持つ技術やノウハウ，経験などが，新しいイノベーションへの取り組みに悪影響を及ぼすというものです。

　これまで非連続なイノベーションのパターンと，既存の大企業が非連続なイノベーションに弱い理由を明らかにしてきました。それでは，大企業はどのように非連続なイノベーションに対応すればよいのでしょうか。

　多くの研究は，既存企業の対応策として，新旧のイノベーションを異なる内部組織によって独立して取り組むという**組織分離**が有効であることを示しています。古くは社内ベンチャーと呼ばれていた制度や，昨今では社内スタートアップ制度などという名前で，企業内にあたかも独立したベンチャー企業を作ろうとする試みが組織分離です。しかし，組織分離は非連続なイノベーションに対応するための「必要条件」を示すものであって，十分条件であるとは言えません。

　なぜなら，組織分離は既存組織からの悪影響の排除のための方策であって，新たなイノベーションにおける成功を保証するものではないためです。分離された組織はその独立性が高ければ高いほど，既存の組織から離れ，既存の技術や資源の活用が困難になります。既存の大企業の強みは，それまで蓄積してきた技術や資源ですから，それらから切り離された新規組織は，既存の技術や資源を活用できなければ，大企業としての優位性はなく，新興企業と対等な条件での競争を余儀なくされます。

6 / 非連続性を多様性と読み替える

前節で述べたように，組織分離による非連続なイノベーションへの対応には，既存資源へのアクセスが制限されるという問題がありますが，もう 1 つの問題として，新たなイノベーションは常に既存のイノベーションを駆逐するのか，という問題です。

たとえば，アナログのレコードと CD との関係を考えると，1982 年に CD が発売されると，それまでのアナログレコードから CD への転換が進み，CD という新しいイノベーションがアナログレコードにとって代わったようにもみえます。しかし，CD 普及後もアナログレコードを好んで使うユーザーも多く存在しています。楽曲ダウンロードや音楽ストリーミングサービスという新しい音楽の入手技術が登場した現在，アメリカではアナログレコードの生産や CD の生産を上回っています。また，CD もストリーミングなどに押されてはいますが，お気に入りのアーティストのジャケットの CD を持っておきたいというニーズもいまだに存在しています。

このように考えると，新しいイノベーションが仮に非連続なイノベーションであったとしても，それは，既存のイノベーションからの完全転換という意味ではなく，追加的に新たな製品やサービスの選択肢が増えたと捉えることもできるかもしれません。クリステンセンの分断的イノベーションも，最終的には技術は移行するものという前提で議論がなされていますが，既存の市場に顧客が残り続ける可能性までは否定していません。このように考えると，非連続なイノベーションの登場は，技術転換だけではなく，技術に多様性をもたらしたとみることができるかもしれません。

そこで考えられるのが，既存事業と新規事業の上手な組み合わせによって，総合的な企業の力で競争優位を築くという手法です。その有効な手段が両利きの経営と言われる手法で，既存事業に求められる深化の能力と新規事業に求められる探索の能力を使い分けることを意味します。両利きの経営については第 7 章で詳説します。

1．大企業が新興企業に負けたこれまでの例を考えてみよう。
2．非連続なイノベーションの例を考え，それがこれまでのどのパターンに当て
　はまるか考えてみよう。

既存企業が非連続なイノベーションを乗り越えるためには，どのようなことをする
必要があるか議論してください。

▶▶▶さらに学びたい人のために

● 一橋大学イノベーション研究センター［2017］『イノベーション・マネジメン
　ト入門（第2版）』日本経済新聞出版社。
● 近能善範・高井文子［2011］『コア・テキスト　イノベーション・マネジメント』
　新世社。
● 長内厚［2020］『読まずにわかる！「経営学」イラスト講義』宝島社。
● Bower, J. L., & Christensen, C. M. ［1995］Disruptive Technologies:
　Catching the Wave. *Harvard Business Review*, Jan.-Feb., 43-53.（関美和訳「イ
　ノベーションのジレンマ」『ダイヤモンド・ハーバード・ビジネス・レビュー』
　April 2009, 90-107, 2009年）
● Christensen, C. M. ［1997］*The Innovator's Dilemma*. Boston: Harvard
　Business School Press.（玉田俊平太監修, 伊豆原弓訳『イノベーションのジレ
　ンマ［増補改訂版］』翔泳社, 2001年）

参考文献

● 新宅純二郎［1994］『日本企業の競争戦略』有斐閣。
● Abernathy, W. J. ［1978］*The Productivity Dilemma: Roadblock to Innovation in the
　Automobile Industry*. Baltimore and London: The Johns Hopkins University Press.
● Abernathy, W. J. & Clark, K. B. ［1985］Innovation: Mapping the Winds of Creative
　Destruction. *Research Policy*, 14（1）, 3-22.
● Abernathy, W. J., Clark, K. B. & Kantrow, A. ［1983］*Industrial Renaissance: Producing a
　Competitive Future for America*. New York: Basic Books.
● Abernathy, W. J. & Utterback, J. M. ［1978］Patterns of Industrial Innovation. *Technology*

Review, 80（7）, 40-47.

● Christensen, C. M. & Bower, J. L. [1996] Customer Power, Strategic Investment, and Failure of Leading Firms. *Strategic Management Journal*, 17（3）, 197-218.

● Henderson, R. & Clark, K. B. [1990] Architectural Innovation: The Reconfiguration of Existing Product Technologies and the Failure of Established Firms. *Administrative Science Quarterly*, 35（1）, 9-30.

● Leonard-Barton, D. [1992]. Core capabilities and core rigidities: A paradox in managing new product development. *Strategic management journal*, 13（S1）, 111-125.

● Tushman, M. L. & Anderson, P.（1986）. Technological discontinuities and organizational environments. *Administrative Science Quarterly*, 31（3）, 439-465.

第 **6** 章 | イノベーションと組織

Learning Points

- ▶成功確率よりも失敗確率が高いイノベーションの取り組みを支援する組織の在り方について理解します。
- ▶イノベーションを推進する組織（イノベーティブな組織）について学びます。
- ▶イノベーティブな組織を構築するためにも，組織論で強調されている基本理念や経営理念がいかに重要であるのかを理解します。
- ▶イノベーティブな組織の構成員の特性を学びます。

Key Words

失敗の許容　管理と経営　基本理念　コーポレート・ステートメント　コーポレート・スローガン　組織文化　自律性　外発的動機付け　内発的動機付け

1 / 組織づくりの前に

1.1 / 成功の裏に隠された「失敗」を許容する

　挑戦することの重要性は，多くの人が理解していると思います。そして，この挑戦には，失敗がつきものです。成功確率よりも失敗確率のほうがはるかに高いと言えるでしょう。しかし，その失敗を恐れていつの間にか「守り」に入って，挑戦することを避けていることも少なくありません。筆者の恩師の1人である米倉誠一郎氏（一橋大学名誉教授・法政大学イノベーション・マネジメント研究科教授，2021年度現在）の口癖の1つは，「転んだ者を笑うな」です。すなわち，「『転ぶ』というのは挑戦した結果であって，挑戦していない者が，挑戦して転んでいる人を嘲笑する資格はない」というメッセ

ージを私たちに投げかけているのです。

　実際に，イノベーションに成功した企業もまた，多くの失敗を経験してきています。ダイソンは，「吸引力の変わらないただ一つの掃除機」を開発しましたが，同社のホームページでは，「5年と5,127台の試作を経て，ジェームス（同社の創業者のファースト・ネーム）は世界初のサイクロン掃除機の開発に成功しました」と説明しています。また，発明家でGE（General Electric）を設立したエジソンは，「私は，失敗したことがない。ただ，うまくいかない方法を1万通り発見したのだ」と主張していたと言われています。

　成功の陰には，これほど多くの「失敗」が存在しているのです。ただ，私たちが明示的に認識していないだけなのです。イノベーションの取り組みもまた，新たな挑戦なのですから，多くの失敗を経験します。そのため，失敗に肝要な組織づくりが必要となります。しかし，多くの企業では，これが建前にしかすぎず，失敗を許容することができない組織風土になってしまっていることが少なくありません。三品［2004］や沼上他［2007］，軽部［2017］，水野［2018］では，これらの問題が結果的に引き起こしてしまった日本企業の**戦略不全**について取り上げられています。

　そして，水野［2018］においては，既存研究を踏まえて「日本企業がなぜ戦略不全に陥ったのか」の論理を導出しています。この論理には，失敗に関係する2つのステップが存在していました。

　第1段階は，企業経営のトップが戦略を立案したものの，それを実践するプロセスで，経営幹部らが失敗を恐れて部下が戦略方針に基づいて立てた具体的戦術を実行するかどうかを決定できないでいるために，戦術を提案した部下の働くインセンティブが急速に低下するとともに，プロジェクトをマネジメントして経営マインドを磨く訓練や経験をする機会をも奪ってしまったという論理です。

　そして，第2段階は，第1段階から時間が経過すると，失敗を恐れて意思決定を意識的に避けてきた経営幹部が企業経営のトップとなり，その下部にプロジェクトをマネジメントする機会を持ってこなかった部下が経営幹部となっていくという論理です。こうして企業が戦略不全の事態に陥ってしまっ

たと結論付けています。

　三品［2004］は，なぜ日本の大企業が戦略不全の状態に陥ったのかの原因を導き出しています。それは，①所有と経営の分離によって「**専門経営者**」である上場企業経営者の任期が短いために，長期的視点に立った根の深い問題を解決するような戦略の立案を阻害していること，そして，②幹部職になっていくプロセスにおいて**経営**（management）**の機能**と**管理**（administration）**の機能**が混在しているために，また，当該人材が前者の意識を持たないまま経営者になるために，機能する戦略を立案することが困難となっていると指摘しています。

　経営の機能とは，意思決定することや，戦略立案することを意味しています。その一方で，管理の機能とは，部署内の進捗状況を管理することや，担当部署の計画や取り組みの成果に対して評価することを意味しています。すなわち，三品［2004］では，日本の大企業経営者は企業経営にとって必要不可欠な経営の機能を果たすことができていないという指摘がなされているのです。この状態のことを三枝［2003］では「**経営パワーの低下**」と表現しています。

　これらのことからも，イノベーションに挑戦する組織（イノベーティブな組織）の前提として，失敗を許容する組織であることはもちろんのこと，そもそもの大前提として，意思決定ができる，また，その意思決定にぶれのないトップの存在，すなわち，経営の機能を果たすことのできるトップと，そのトップがリーダーシップを発揮することが必要不可欠であることが分かるのです。

1.2　組織の長としての役割

　水野［2018］において，イノベーション，あるいは，オープン・イノベーションの取り組みに成功した大企業上層部の発言を紹介しています。

- 「下から上がってきたテーマに対して NO とは言わないですよ。ウチは，"いい加減にゆるーい"（適度にゆるい）のです」

- 「どうせ失敗するだろうとは思ったりするのだけれど，失敗してみないとわからないからやらせてみる」
- 「チャレンジしないほうが駄目。失敗したら，それを共有する」
- 「最初に（事業の）井戸を掘る研究者は失敗しても減点しない。研究は失敗の繰り返し。そこで減点してしまうと，チャレンジしなくなるし，小さなテーマにしか取り組まなくなる」
- 「長くやって失敗したものはたくさんある。研究は失敗の連続。しかし，失敗を恐れたら何もできない。ただし，やはり目先の利益を稼ぐということも大事なので，この大きな事業を継続し，最終的なゴールに到達させるために，（最終目的の製品ではなく，比較的容易に上市できそうなものを）製品化したのも事実」

　以上の発言からもわかるように，これらの企業の上層部は，失敗することよりも挑戦することに重点を置いてきたことを改めて確認することができます。また，取り組みに失敗する可能性があることも十分認識した上で，組織下部から上がってきた事案に対して許容しているのです。この点から，これらの企業上層部は，部下の取り組みに正当性を付与し，それに対して権限を委譲していることが分かるのです。

　これらの点からも，三品［2004］が指摘している企業上層部が経営の機能を果たしているかどうかは，組織がイノベーションを実践する上で，極めて重要な要件であることが理解できるのです。

1.3　イノベーティブな組織のビジョンとは

　企業が追求すべきもの，あるいは，企業の方向性を表したものとして企業の**基本理念**が挙げられます。企業によっては，**経営理念**と表現することもあります（ただし，基本理念と経営理念を明確に区別して表記している企業もあります。その際には，基本理念が上位概念になります）。これらは，企業の基本的価値観を表しています。企業のこの基本的価値観は変わるものでは

ありません。多くの経営学の教科書では，基本理念は変えてはいけないものであると書かれています。企業にとって信念にあたる部分だからです。したがって，企業の存在意義と換言することができるでしょう。

ただし，留意すべき点は，この基本理念を表す具体的な方法に関しては，環境や状況に応じて変えるべきであると強調されていることです。Collins and Porras［1994］では，これを「基本理念を維持し，進歩を促す」と表現しています。

したがって，企業がどのような基本理念や経営理念を掲げているのかは，イノベーティブな企業（組織）であるかどうかの1つの判断材料となります。長期にわたって存続してきた老舗企業の中には基本理念として「不易流行」を掲げる企業も少なくありません。これは，松尾芭蕉による蕉風俳諧の理念の1つで，「普遍的なものであっても時代の変化に応じて変化を重ねていくこと」という意味です。

また，企業理念よりも簡潔に価値観や方向性を示すフレーズは，**コーポレート・ステートメント**，あるいは，**コーポレート・スローガン**と言われています。これもイノベーティブな組織であるかどうかの判断材料となることが少なくありません。

たとえば，急激に縮小した写真フィルム事業から脱却し，事業の再構築に成功した富士フイルムは "Value from Innovation" と掲げていますし，製品名にユニークなネーミングをつけることでよく知られている医薬品や日用品を製造販売する小林製薬は「"あったらいいな"をカタチにする」と掲げています。また，ビジネス・ジェットのキャビンの広さとエンジン騒音の低減を追求するため，それまでの「常識」を打ち破ってエンジンを尾翼の上に搭載したホンダジェット（HondaJet）を開発したホンダ（より正確には，ホンダジェットを開発したのは本田技研工業のグループ会社であるホンダエアクラフトカンパニーですが）は，"The Power of Dreams" と掲げています。

企業の基本理念や経営理念，コーポレート・ステートメント，コーポレート・スローガンは外部に企業の基本的な価値観を表現する手段でもありますが，実は，組織の構成員，すなわち，企業の従業員1人1人が一丸となって

目指すべき方向性を示したものでもあります。したがって，これらのフレーズは，企業，そして，従業員の求心力にもなるはずなのです。

　それゆえ，大学生の就職活動において「企業の基本理念に共感できないところにエントリーをしても仕方がない。それは，両者にとって不幸でしかないから」と言われるのです。Collins and Porras［1994］においてもこの点が強調されています。**ビジョナリー・カンパニー**（未来志向で先見的で，卓越した企業）は誰にとってもビジョナリーなのではなく，基本理念に合致した従業員にとってビジョナリーとなって「強烈な忠誠心」（邦訳205頁）に結びつくに過ぎないのです。そのため，企業の基本理念に共感できない者にとっては，素晴らしい職場にはならず，当該個人にとってのビジョナリー・カンパニーにはなり得ないのです。

1.4　イノベーティブな組織の文化を浸透させるために

　そして，このような組織の基本理念に基づいて，企業の風土や文化が形成されていきます。それとともに，組織構成員である従業員の思考や行動様式にも影響を与えるのです。

　コリンズ＆ポラス［1995］では，これを「カルトのような文化」と呼んでいます。そして，ビジョナリー・カンパニーとカルトの共通点を4つ挙げています。それは，「理念への熱狂」「教化への努力」「同質性の追求」「エリート主義」です。すなわち，採用の前の面接のときから組織の基本的な価値観を熱心に説き，この価値観に対して熱狂的に崇拝する社風を創り出し，この目的を理解し行動に移すことができる（この意味で同質性が高い）従業員であるよう教育を進め，それに対して特別なエリート集団に属しているという感覚を持たせることを指摘しています。

　また，コリンズ＆ポラス［1995］では，実在する企業の事例を用いて，具体的にどのように基本理念を浸透させて組織文化に結びつけているのかが記述されています。「採用前の面接の時から教化の過程がはじまり，入社後には従業員の英雄の物語を話し，壁には標語をはり，宣言を何度も唱えるよう

教え,拍手と喝采で英雄を讃えて,徹底した教化を続けていく。……（中略）
……。また，職歴がほとんどない若者を雇って，早い時期に自社の流儀を教
え込み，基本理念に忠実な従業員だけを昇進させている。同質性も厳しく追
究しており，企業の流儀に合った従業員は給料，資格，表彰などで次々に励
ましを受け，合っていない従業員は取り残され，罰を受け，減点され，次々
に嫌な思いをすることになる」（邦訳205頁の記述を筆者が一部修正）とあ
るのです。

　同記述は，極端かつ過剰な表現であるかもしれません。しかし，この記述
の本質は，企業の基本理念を熱心に維持する組織の文化と仕組みを組織に埋
め込むことの重要性を強調しているのです。

　それでは，組織文化はどのようにして現れるのか，あるいは，組織文化を
読み解く糸口はどこにあるのでしょうか。桑田・田尾［2010］は，組織文化
を読み取るための手がかり，換言すると，組織文化を構成する要素を挙げて
います。それは，①組織の価値を強調する機会となる儀式やセレモニー，②
組織の独自の価値をシンボライズする社旗や制服，バッジといったシンボル
あるいは表象，③組織関係者でなければ理解できない（隠語のようなものも
含む）言葉，④創業に関するエピソードを誇張的に伝承させたり，神話のよ
うな装幀を施して組織構成員に伝える物語や伝承，です。

　そして，これらの要素の働きが強いほど強力な文化が形づくられ，組織構
成員相互の暗黙の合意や，価値や信念の共有が深まっていくと指摘していま
す。さらに，この強い文化を育てることこそが，経営管理を容易にし，難局
に直面する際に，組織構成員全員が一丸となれることを強調しています。

　このような手段を徹底させることにより，組織の基本理念を深く理解した
組織構成員は，企業に厳密かつ厳格に管理されなくとも，イノベーティブな
組織の構成員であることを自覚し，**自律性**（autonomy）を兼ね備え，かつ，
高いモチベーションを維持した行動をとり続けることができるのです。この
従業員のモチベーションに関する詳細は，第3節で取り上げます。

2 イノベーティブな組織づくり

2.1 既存の部門と切り離す

　本節では，具体的なイノベーティブな組織の構造を３つに分類して記述します。まずは，イノベーションの担い手，あるいはグループと，既存の部門とを切り離すことです。

　この点に関して，March［1991］では，それまでの組織学習プロセスで蓄積されてきた既存資源を活用する行動を**知の活用**（exploitation）と名付け，新たな知を探索する行動を**知の探索**（exploration）と名付けました。前者は，組織がすでにあるものを活用するために，迅速性があり，不確実性も低く，効率的な行為であるとされています。後者は，組織が長期的に存続するためには必要ではあるものの，取り組みの費用が高く不確実性が高い行為であるとされています。

　O'Reilly and Tushman［2008］は，企業は相反するこの２つの行動を両立させなければならないとして，「**両利きの経営**」（ambidexterity）の必要性を主張しています。また，O'Reilly and Tushman［2013］では，この両利きの経営を３つのタイプに分類しており，その１つに「構造的両利きの経営」（structural ambidexterity）を挙げています。これは，探索行動と活用行動との特性が大きく異なるために，新たな取り組みを行う際には，通常の業務を担う部署とは別の組織を設けてそれぞれに適合した経営資源を配置する経営の方法です。

　イノベーティブな組織においても，この構造的両利きの経営を実践している企業は少なくありません。より具体的には，研究開発の部署を既存の組織から切り離したり，研究所を発足させたり，**社内ベンチャー制度**を設けたりするのです。社内ベンチャー制度とは，組織が認定および承認したプロジェクトについて，その責任者に対しては一定期間，組織内で「ベンチャー企業の社長」のような予算と意思決定権を持って事業を推進することを認める制

度です。

　構造的両利きの経営は，現在の主力事業，すなわち，プロフィット・センターで得た利益の一部を，将来のための投資と位置付けた知の探索活動を現業と切り離された別の部門で実践することで，組織内部の役割分担をすることなのです。その際，将来のための投資の拠点を本社と物理的に別の拠点に設けることもあります。公設や民設の**インキュベーション・センター**や大学の産学連携オフィスの一角などに拠点を置くことも少なくありません。

　なぜなら，将来のための投資といえども企業内部での「風当たり」が強く，担当者らが肩身の狭い思いをすることが少なくないことが背景にあるためです。このような雰囲気を作らないよう，企業側が配慮して，あえて物理的空間を分けて，将来のための投資としての知の探索活動に集中して取り組む環境を作るのです。

2.2　新たな部門にエンパワーメントする

　将来のための投資は，企業の長期的存続と発展を考える上で，必要不可欠な行動です。そのため，組織構造上，企業経営のトップに近いところに部門やプロジェクトを発足させ，取り組むことも少なくありません。また，このような部署に対して，大きな権限を委譲することも少なくありません。将来の投資への取り組みに対する企業経営トップの「お墨付き」をその部署に与えるためです。

　このような部門をあえて社長直轄下に置いている企業もあります。たとえば，ユニークなネーミングの医薬品や消費財を開発する小林製薬は，お客様相談室を社長直轄の部署にしています。また，このお客様相談室には，一般従業員ではなく，人件費の高いスペシャリスト（消費生活アドバイザーや薬剤師などの有資格者）を配置しています。専門職の従業員を配置しているのですから，いかに，小林製薬がこのお客様相談室の部署を重要視しているのかがうかがえます。

　一般的には，お客様相談室やコールセンターは，人件費が安い地域に拠点

を設けることが少なくありません。なぜなら，このような拠点を（プロフィット・センターではなく）コスト・センターであると位置付けているためです。すなわち，企業として顧客の問い合わせに答える義務と必要性を実感しているものの，それが，企業にとって直接的な利益を生む手段ではないと暗黙的に位置付けているからにほかなりません。しかし，小林製薬は，この場に寄せられるさまざまな顧客の声にこそ，新商品開発の種（シーズ）が隠れていると判断しているのです。

2.3 組織の多様性の確保

しばしば，「イノベーションは辺境から興る」と言われます。これは，辺境に身を置く主体は，メイン・ストリームに所属していて現状が「常識」と考えている主体ではなかなか気づくことができない視点を提供することができるからに他なりません。

また，組織論において，集団の凝集性が高い集団においてしばしば起こる2つの危険性が指摘されています。それは，本来，集団で議論すべきことが十分になされず，それゆえ，多様な可能性を追求することなく最終的な意思決定をしてしまう**集団浅慮（グループ・シンク）**と，集団の中での逸脱行動が認められないような雰囲気を作ってしまう**斉一性の圧力**です。これらの力が，組織の正当な意思決定をゆがめる可能性があることを組織論では指摘しているのです。

以上から，逆説的にですが，組織が意思決定するまでのプロセスにおいては，多様な視点や視角からの分析や議論が欠かせないことが明らかとなります。すなわち，組織に機能的な**多様性**（functional diversity）を持たせることが，イノベーティブな組織づくりに重要となるのです。

しかし，一点，留意すべき点があります。組織に多様性がもたらされたからといって，それで，組織が正当な意思決定をすることができるとは限らないことです。多様な視点や多様なバックグラウンドを持った人材がまとまり，最終的かつ正当な意思決定に結びつけるためには，1つの方向性やまと

まりがなければなりません。

　企業においては，これらの統一した方向性やまとまりが，企業の基本理念になっているわけです。外資系企業では，多様性の議論のみならず，この方向性やまとまりの重要性を常に認識しておくために，多様性（diversity）の議論を行うときには，「**多様性と包含**」（diversity and inclusion）と表現されることが少なくありません。

　また，一言で多様性といっても，実は，2種類の多様性が含まれていると言われています。それには，人の経験や専門性の多様性を表した**タスク面での多様性**（task diversity）と，性別や国籍や年齢という**デモグラフィー（人口動態）面での多様性**（demographic diversity）です。そして，イノベーティブな組織をマネジメントするのに有効であるとされているのは，前者のタスク面での多様性を持つことであるとの研究結果が得られています（Howitz and Howitz [2007]，Joshi and Roh [2009]）。

　さらに，経営層のチーム（top management team）そのものにおいても，複数の専門性やバックグラウンドを持つ，あるいは，複数の部署や企業での勤務経験を持つメンバーが集まることの重要性を指摘した**イントラパーソナル・ファンクション・ダイバーシティ**（intrapersonal functional diversity）の議論も注目されるようになってきています（Bunderson and Sutcliffe [2002]，Canella Jr., Park, and Lee [2008]）。

3 組織構成員に対する姿勢

3.1 「だれをバスに乗せるか」

　本章の第1節において，コリンズ＆ポラス [1995] の引用を通して，イノベーティブな組織であるための前提の1つとして，企業の基本理念を中核に置きつつ，環境の変化に対しては進歩し続ける組織であることの重要性を指摘しました。これらの組織の担い手となるのは，企業を構成する従業員です。

そのため，誰を採用するのかは，企業の存続と発展を考える上で，極めて重要な選択となるのです。どのようにしたら偉大な企業への飛躍を遂げることができるのかを解明したコリンズ［2001］の第3章では，「だれをバスに乗せるか」というタイトルで「最初に人を選び，その後に目標を選ぶ」というサブタイトルがつけられています。企業に適合した的確な人材を採用することがいかに重要であるかを指摘しているのです。このように，企業が組織の基本理念や価値観に適合した人材を採用することは，企業にとって極めて重要な意思決定の1つであることを改めて確認することができるのです。

　企業が基本理念を共有し，同じ方向性を向いて組織の飛躍に結びつける行動をとることができる従業員を採用することが重要であることは企業の採用活動からも確認することができます。それは，企業における人材の採用活動は，好況不況期にかかわらず，時間と費用をかけて慎重に行われているからです。企業への入社という入り口の時点で双方の鍵（合意形成）を掛け違えると，後々まで，イノベーティブな組織の実現に暗い影を落とすことになるからです。

3.2　組織構成員のモチベーション

　このような厳格な基準で従業員を採用した後は，その従業員のモチベーション，すなわち働く個人の動機付けをどのようにして保つかの議論が重要になってきます。そして，このモチベーション，すなわち，働く個人の動機付けの議論では，報酬との関係性で取り上げられることが少なくありません。

　報酬との関係性で働く個人のモチベーションを捉えた議論は，大きく2つに分類することができます。それは，**外発的動機付け**と**内発的動機付け**です。外発的動機付けとは，金銭的な報酬や昇進など，個人の外部から与えられる報酬，すなわち，個人が外部からインセンティブを与えられることが個人の働く動機となることを表しています。一方，内発的動機付けとは，個人に与えられた仕事内容や業務そのものに興味や関心を持って意欲が高まり，それに取り組むことによって達成感や満足感を得る，すなわち，個人内部からイ

ンセンティブが沸き起こることが働く動機となることを表しています。

この２つの動機付けの議論をめぐって，Deci［1971］は興味深い研究結果を提示しています。それは，被験者がたとえ興味を持っていた活動であっても，それに対する組織の評価方法として外的な報酬である金銭が用いられると，被験者はその活動自体に対して興味を失ってしまうということでした。すなわち，金銭的な報酬を与えることは，被験者が「（興味や趣味の延長線上で取り組んでいたことであったにもかかわらず）労働の対価として金銭が支払われた」と解釈してしまい，その結果，被験者そのものがもともと持っていた内発的動機付けを失わせてしまうという主張をしているのです。

さらに，Amabile［1996］では，アルゴリズム的な仕事，すなわち，到達目標が明確であり，論理的帰結を導く仕事に対しては，外的な報酬が有効であるのに対し，右脳的な仕事，すなわち柔軟な発想や創意工夫などの創造性（**クリエイティビティ**）が求められる仕事に対しては，外的報酬はマイナスの影響を与えるおそれがあることを指摘しているのです。すなわち，金銭的報酬の存在が，独創的な視野や思考を妨げてしまう危険性を示しているのです。これらの研究結果からは，個人の働く動機付けと労働から得られる報酬の方法を深く検討する必要があることを如実に示しています。

言うまでもなく，仕事内容や業務に対する基本的な金銭的な報酬は，組織構成員にとって必要かつ重要なものです。しかし，組織構成員が，その報酬に対してある一定の認知基準を超えると，組織構成員は「仕事」としか認識せず，仕事内容に対する興味や関心，そして，クリエイティビティまでもが失われていってしまうことが少なくないのです（これらの研究や研究結果の詳細に関しては，ピンク［2015］を参考にしてください）。

以上の研究から，イノベーティブな組織がしばしば求める組織構成員の働くインセンティブに対しては，高い外的な金銭的報酬を与えさえすれば十分であるというわけではなく，高い裁量権や労働に対する自由度を高めることが有効であることが分かっています。したがって，イノベーティブな組織構成員に対しては，一定の金銭的報酬を満たしたうえで，内発的動機付けを高めるような「報酬」を支払うことのほうが有効であることを確認することが

できました。イノベーティブな組織をマネジメントする経営層は，従業員の内発的動機付けを維持し，高める工夫をして，組織構成員の働く動機をより一層高める方策を考え，実施しなければならないのです。

3.3 ハブとなる人材の育成

　組織にイノベーションを興すためには，そして，イノベーティブな組織の行動を十全に発揮するためには，組織内部のみならず，組織外部との情報をつないで価値に結びつけることが求められます。すなわち，組織内部と組織外部の知をつなぎ，新たな価値を生み出すトリガーとなる人材が求められるのです。その役割を担う組織の構成員が組織内外の中核，すなわち，**ハブ**（hub）となる人材です。

　ハブとなる人材には，組織内部の人や情報などの資源を熟知し，必要に応じて組織内部の人材や情報の交通整理ができること，また，組織外部からの問い合わせや要望に対して，組織内部の人材や資源とマッチングし，調整することが求められます。このようなハブとなる人材は，組織内部のイノベーションのみならず，複数組織間のイノベーションの行動となるオープン・イノベーションを推進するためには必要不可欠な存在となります。

　イノベーティブな組織であり続けるためには，このようなハブとなる人材の存在も欠かせません。ハブとなる人材もまた，イノベーションのきっかけを創り出し，必要な関係者間をつなぐ力を持っているためです。企業経営のトップは，イノベーティブな組織を実現し続けるためにも，このような人材を育成する必要があるのです。オープン・イノベーションの文脈において（詳細は第9章を確認してください），このような担当者は「アライアンス・マネジャー」と呼ばれています。

調べてみよう

コーポレート・ステートメントやコーポレート・スローガンの事例を探して，その言葉に秘められた意味や企業の意図を確認してみよう。

議 論 し よ う

1. イノベーティブな組織を実現している事例を探して，組織がイノベーションを実現する論理を議論しよう。
2. 組織構成員の内発的動機付けを高める「報酬」には，どのようなものが考えられるのか，議論しよう。

▶▶▶▶さらに学びたい人のために ─────────────

● 藤田誠［2015］『経営学入門（ベーシック＋）』中央経済社。

● D. H. Pink［2018］*Drive: The Surprising Truth About What Motivates Us*, Carongate Books Ltd;（大前研一訳『モチベーション 3.0─持続する「やる気！」をいかに引き出すか』講談社，2015 年）

● 三枝匡［2003］『経営パワーの危機─会社再建の企業変革ドラマ』日本経済新聞出版社。

● Collins, J. C., & Porras, J. I.［1994］*Built to Last; Successful Habits of Visionary Companies*, HarperBusiness.（山岡洋一訳『ビジョナリー・カンパニー──時代を超える生存の原則』日経 BP マーケティング，1995 年）

● Collins, J.［2001］*Good to Great: Why Some Companies Make the Leap…And Others Don't*, HarperBusiness.（山岡洋一訳『ビジョナリー・カンパニー 2─飛躍の法則』日経 BP 社，2001 年）

参考文献

● 軽部大［2017］『関与と越境─日本企業再生の論理』有斐閣。
● 桑田耕太郎・田尾雅夫［2010］『組織論（補訂版）』有斐閣。
● 沼上幹・軽部大・加藤俊彦・田中弘・島本実［2007］『組織の＜重さ＞─日本的企業組織の再点検』日本経済新聞社。
● 三品和広［2004］『戦略不全の論理』東洋経済新報社。
● 水野由香里［2018］『戦略は「組織の強さ」に従う』中央経済社。

- Amabile, T. M. [1996] *Creativity in Context: Update to the Social Psychology of Creativity*, Westview Press.
- Bunderson, J. S., & Sutcliffe, K. M. [2002] Comparing alternative conceptualization of functional diversity in management teams: Process and performance effects, *Academy of Management Journal*, 45(5), 875-893.
- Cannella Jr., A. A., Park, J. H., & Lee, H.U. [2008] Top management team functional background diversity and Firm performance: Examining the role of team member colocation and environmental uncertainty, *Academy of Management Journal*, 51(4), 768-784.
- Deci, E. L. [1971] Effects of externally mediated rewards on intrinsic motivation, *Journal of Personality and Social Psychology*, 18(1), 105-115.
- Horwitz, S., & Horwitz, I. [2007] The effects of team diversity on team outcomes: A meta-analytic review of team demography, *Journal of Management*, 33(6), 987-1015.
- Joshi, A., & Roh, H. [2009] The role of context in work team diversity research: A meta-analytic review, *Academy of Management Journal*, 52(3), 599-627.
- March, J.G. [1991] Exploration and exploitation in organizational learning, *Organization Science*, 2(1), 71-87.
- O'Reilly, C. A., & Tushman, M. L. [2008] Ambidexterity as a dynamic capability: Resolving the innovator's dilemma. *Research in Organizational Behavior*, 28, 185-206.
- O'Reilly, C. A., & Tushman, M. L. [2013] Organizational ambidexterity: Past, present, and future. *Academy of Management Perspectives*, 27(4), 324-338.

第7章 イノベーションと経営戦略

Learning Points

▶イノベーションに必要な戦略論の議論を理解します。
▶市場の顧客ニーズに対応するための戦略のポイントを理解します。
▶イノベーションの環境適応について理解します。
▶分業，標準化，オープン・イノベーション戦略について理解します。

Key Words

戦略　連鎖モデル　構想ドリブン　コア技術戦略　分業　標準化　オープン・イノベーション戦略

1 イノベーションのための戦略

　経営学の登場とその進化を考えるときに，産業革命はとても大きな意味があります。それまで手工業的に熟練した職工が1人で1つの製品を作り上げていたのに対し，産業革命によって**大量生産システム**が構築されると，特別な技能を持たない従業員が製品を作る工程を分業してそれぞれの個々の工程のみを担当し，大勢で1つの製品を大量に作るようになりました。このとき，現場での作業と，作業を分担している人たちをまとめ上げる管理とに仕事が分かれるようになり，効率的に生産プロセスを調整するための管理が企業の収益性に大切になったのです。**テイラーの科学的管理法**に始まる，管理のための科学として発展したのが経営学の始まりです。

　しかし，大量生産システムによって作られた製品が市場でたくさん売られ，その販売が一巡すると，市場は飽和し成熟化を迎えます。そうなると，同じものをいかに効率よく作り続けても市場から収益を得ることはできなく

113

なります。生産プロセスの管理だけでは収益化ができなくなるのです。そこ
で，市場や企業を取り巻く環境の変化に対応し，企業が新たな収益源を確保
していくことが必要となります。この企業が環境変化に対応するための方策
が**戦略**なのです。

　管理だけでは企業は収益化を図れないという考え方は，シュンペーターの
イノベーションの考え方にも共通しています。第3章で説明しましたが，シ
ュンペーターの登場まで，新古典派経済学の生産関数には労働と資本という
変数しかありませんでした。しかし，同じ規模の労働力や資本を投入してい
ても企業によって収益性に違いが出ることに気づいたシュンペーターは，企
業の収益性を向上させるための新しいアイデアや工夫をイノベーションとい
う変数として考えるようになったのです。

　アメリカ経営学もその進化に伴って，管理の限界を感じるようになりまし
た。ある状況における効率性を考えるだけであれば管理でよいのですが，状
況が変化し，その変化に適応するためには，管理だけではダメになりました。
そこで登場したのが戦略という考え方です。戦略という概念は軍事用語から
の転用です。軍隊の行動が状況の変化に適応して新たなやり方に変えていく
こと，それを戦略と呼んだのですが，その戦略の変化に適応するための企業
の方策として考えたのです。今日では戦略論は経営学の中心的テーマになっ
ています。

　ここでは，イノベーションを考えるのに必要な戦略論の議論を学んでいき
ますが，戦略論にはさまざまな視点からさまざまな議論が存在しています。
そこで，ミンツバーグという経営学者が『戦略サファリ（*Strategy Safari*）』
という教科書で示した戦略論の議論のグループ（同種の研究のグループをミ
ンツバーグはスクール（学派）と呼んでいます）に分けて，代表的なスクー
ルごとの議論がイノベーションとどのように関わっているかを説明します。

2 / 新規事業のベーシックな戦略を考える
デザイン・スクール

　最もシンプルな戦略論の枠組みを提示しているのが**デザイン・スクール**です。デザイン・スクールといってもデザインの学校ではありません。前節でも示しましたが，スクールには「学派」という意味があり，学問の流儀や流派を表します。また，ここでいうデザインも「設計」という意味で使われていて，芸術系のデザインの意味ではありません。

　つまり，デザイン・スクールとは，デザイン学派あるいは設計学派と言い換えることができるかもしれませんが，戦略をあらかじめ設定しておくという意味です。

　デザイン・スクールには，**SWOT 分析**（図表 7 − 1）という有名な分析の枠組みがあります。戦略を設計するにあたって，企業を取り巻く環境を分析するためのツールです。SWOT とは，企業の強み（Strengths），弱み（Weaknesses）と直面する機会（Opportunities），脅威（Threats）のそれぞれの頭文字をとったもので，企業の強みと弱みという内部環境と，機会と脅威という外部環境の2つの側面から新事業を取り巻く環境を分析します。自社が強い条件を持ち，競争の機会になっているのが最適な状況ですし，反対に，自社が弱みを持ち，市場で脅威を感じる場合は，自社に極めて不利な

図表 7 − 1 ▶▶▶ SWOT 分析

機会（Opportunity）

最大の市場機会

弱み（Weakness）　　　　　　　　　　　　強み（Strength）

最大の脅威

脅威（Threat）

出所：Barney［2002］をもとに筆者作成。

状況と言えます。自社の強みを活かして脅威を克服するか，機会を活かして弱みを克服し，状況を良い方向に変える必要があり，SWOT 分析によって，自社が何をすべきかの指針を立てることができます。

　ここで重要なのは，戦略を設定するのは企業の CEO や社長といったトップであり，いわゆるトップダウンで新しい事業を開始するような場面を想定しています。

　すでに学んだテクノロジー・プッシュかディマンド・プルかという議論に則していえば，テクノロジー・プッシュのように，これをやりたい，というものがあるときに，それが市場と適合するかを考えるのがデザイン・スクールにおける戦略の役割です。

　また，戦略と組織は対応関係にあり，組織の形態は戦略によって規定されるという考え方もデザイン・スクールの特徴です。アーキテクチャの議論で，製品のアーキテクチャは，組織のアーキテクチャに反映されるという説明をしましたが，どのような製品をどのように作るかという戦略があって，それに合わせて組織の形態が決まるという考え方です。

3 ／ **戦略部門によるイノベーションの計画**
プランニング・スクール

　デザイン・スクールと同時期に成立した**プランニング・スクール**の代表的な経営学者としてアンゾフが挙げられます。経営に戦略という概念を持ち込んだのも，アンゾフという学者です。

　プランニング・スクールもデザイン・スクールと同様に，戦略は事前に決定されると考えますが，デザイン・スクールとの違いは，戦略の担い手はトップだけではなく，主に戦略スタッフなどの戦略を計画する組織であると考えています。

　アンゾフは，ある製品事業において効率化を進めて生産性を上げ続けてもいずれは限界に達し，次に大きな事業環境の変化が訪れると指摘しました。この大きな変化を**乱気流**（Turbulence）と呼んでいます。アンゾフは管理

による効率化だけでは対応できない，乱気流下の企業の方策として戦略の必要性を示しました。

　第6章で学んだアバナシーの生産性のジレンマと脱成熟の議論を思い出してください。ある製品事業が製品イノベーションを通じてドミナント・デザインが形成されると，工程イノベーションが購買意思決定の重要なイノベーションになります。工程イノベーションは生産の効率化のためのイノベーションですから，市場は価格だけが購買意思を決める価格競争に陥り，これ以上有効な工程イノベーションが登場しないところで成熟化を迎え，その次に新たな製品イノベーションが発生して新たな競争が始まることを脱成熟化と呼びました。この脱成熟化のプロセスにおいて，企業は何をすればよいのか，という議論がアンゾフの戦略なのです。

　図表7－2はアンゾフの**成長マトリクス**と呼ばれる戦略のパターンです。企業がまだ既存の市場で既存の製品の事業を継続できるのであれば，**市場浸透戦略**をとることができます。市場浸透戦略は最も変化の少ない戦略ですが，それだけに競合企業との違いを示すことが難しく，継続的にコストを引き下げることができなければ，価格競争によって利益が失われてしまいます。これ以上の市場浸透戦略が不可能であれば，企業がとるべき選択肢は，製品もしくは市場を変えるという決断です。

　前者は，市場に新たな製品を投入し，脱成熟化を図ることであり，これが**製品開発戦略**に当たります。音楽プレーヤーがかつてソニーのウォークマン

図表7-2 ▶ ▶ ▶ アンゾフの成長マトリクス

		市場	
		既存	新規
製品	既存	市場浸透戦略	市場開拓戦略
	新規	製品開発戦略	多角化戦略

出所：Ansoff［1957］.

に代表されるカセットプレーヤーからCD，MD，MP3，ストリーミングと，同じ市場で同じ顧客に同じ用途で使われているにもかかわらず，技術的な連続性のない新たな製品が投入されてきたのが，製品開発戦略の例と言えます。最もよく議論される技術的イノベーションはこれにあたると言えるでしょう。

　後者は，同じ製品であっても異なる市場に投入することで新たな市場を開く**市場開拓戦略**です。ソニーは1970年代に家庭用ビデオとしてベータマックス（ベータ方式の家庭用ビデオ）という商品を市場に投入しますが，VHSとの競争に敗れ，家庭用の事業としては収益化が難しくなります。そこで，同じベータマックスの技術を用いた業務用の取材ビデオカメラをベータカムとして開発し，世界の放送局に採用されます。第3章では，ソニーのベータマックスは家庭用ビデオ市場で負けた事例として紹介しましたが，同じ技術を，業務用ビデオ市場という異なる市場に移すことで，新たな成功を収めたのがベータカムの事例です。

　同じ技術や製品であっても市場を変えることで，より大きな収益を獲得することができることがあります。市場を変えるというのも新たなイノベーションの1つと捉えることができます。シュンペーターも新しい販路の開拓をイノベーションの例としていました。

　最後に**多角化戦略**についても触れておきましょう。多角化には内部の資源を育てて新たな事業に展開する**内部成長方式**と，外部の資源を取り入れる**外部成長方式**があります。内部成長方式については，ラーニング・スクールの節で触れますが，アンゾフの考える多角化戦略は外部成長方式です。主にM&Aによって外部の技術や資源を取り入れ，新たな製品や市場の開拓を行うことで，企業の持続的な収益確保をもたらすことを想定します。ただし，気をつけなければならないのは，M&Aによる多角化は既存事業とは関係のない事業を新たに持つことになり，企業内のシナジーのない非関連事業を増やすリスクを伴います。

4 自社の置かれた環境を考える
ポジショニング・スクール

4.1 4C フレームワーク

　今日の戦略論の中心は，自社の置かれた環境と，自社が持つ資源という2つの観点から，競争優位を考えるということが基本になっています。環境を重視する戦略論の学派がポジショニング・スクールです。

　イノベーション戦略を考えるときも，自社が優れた技術やアイデアを考えるだけでは不十分で，企業を取り巻く環境の変化に柔軟に対応することが求められます。この企業を取り巻く環境の分析のために大阪大学の延岡健太郎教授は **4C** というフレームワークを提示しています（**図表 7 - 3**）。

　4つの C は，それぞれ自社（Company），顧客（Customer），競合企業（Competitor），補完業者（Complementor）を表します。一般的な戦略論の教科書では，補完業者の C を省いて，3C という名前で呼ぶこともあります。

　ある事業に価値があるかどうかは，市場において顧客ニーズがあるかどうかという話になりますので，自社と顧客との関係性がどうなっているのかが重要になります。また，顧客との関係性において価値がある事業だということができても，それが競合企業との競争で勝たなければ意味がないので，そ

図表 7 - 3 ▶▶▶▶ 4 C

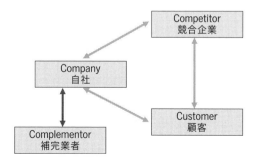

出所：延岡［2006］をもとに筆者作成。

の事業が競合企業に対して優位性を持っているかという分析も必要になります。

　たとえ，顧客にとって価値があるものでも，競合企業に対して優位性を持っていなければ，その事業をすべきではないのです。同様に，たとえ自社の技術が他社に対して**模倣困難性**の高い優位性を示すものであったとしても，それが顧客にとって価値を生み出すものでなければ，収益には結びつかないのです。

　また，今日の企業は自社内で垂直統合的に完結したビジネスだけを営むのではなく，さまざまな他の企業の資源も利用しながら内部の資源と組み合わせて1つの事業や製品を作り上げるほうが一般的になってきました。このとき，企業の内部資源だけでは足りないところを補う補完業者との関係性も重要になります。補完業者との関係性がいくら良好でも，自社の優位性を他社に握られてしまっては，自社の収益性を確保するのが難しいからです。

4.2　ポジショニング理論とブルー・オーシャン戦略

　戦略論において，環境の重要性を説いたのはハーバード・ビジネススクールのマイケル・ポーター教授です。ポーター教授のポジショニング理論では基本的には強い競合企業のいない市場で戦うべきと指摘しています。つまり，自社を取り巻く環境を分析して，自社にとっても最も条件の良い環境の市場でビジネスを行え，というのがポジショニング理論の基本的な考え方で，一般的に**ポジショニング・スクール**といえば，ポーターの議論を指します（図表7－4）。

　図表7－5は**ファイブフォース分析**というポーターが提唱したフレームワークです。ファイブフォース分析が示す5つの脅威を取り除くことで，自社に有利な環境を築きます。

　一方，イノベーション・マネジメントの研究領域でも，チャン・キムとレネ・モボルニュが提唱した**ブルー・オーシャン戦略**という議論が，競争を避けるポジショニングの戦略を提唱しています。

中央経済社

ベーシック＋プラス
Basic Plus

いま新しい時代を切り開く基礎力と応用力を兼ね備えた人材が求められています。
このシリーズは，社会科学の各分野の基本的な知識や考え方を学ぶことにプラスして，
一人ひとりが主体的に思考し，行動できるような「学び」をサポートしています。

Let's
START!

学びにプラス！
成長にプラス！
ベーシック＋で
はじめよう！

中央経済社

ベーシック＋専用HP

1 あなたにキホン・プラス！

その学問分野をはじめて学ぶ人のために,もっとも基本的な知識や考え方を中心にまとめられています。大学生や社会人になってはじめて触れた学問分野をもっと深く,学んでみたい,あるいは学びなおしたい,と感じた方にも読んでもらえるような内容になるよう,各巻ごとに執筆陣が知恵を絞り,そのテーマにあわせた内容構成にしています。

2 各巻がそれぞれ工夫している執筆方針を紹介します

2.1 その学問分野の全体像がわかる

まず第1章でその分野の全体像がわかるよう,○○とはどんな分野かというテーマのもと概要を説明しています。

2.2 現実問題にどう結びつくのか

単に理論やフレームワークを紹介するだけでなく,現実の問題にどう結びつくのか,問題解決にどう応用できるのかなども解説しています。

2.3 多様な見方を紹介

トピックスによっては複数の見方や立場が並存していることもあります。特定の視点や主張に偏ることなく,多様なとらえ方,見方を紹介しています。

2.4 ロジックで学ぶ

学説や学者名より意味・解釈を中心にロジックを重視して,「自分で考えることの真の意味」がわかるようにしています。

2.5 「やさしい本格派テキスト」

専門的な内容でも必要ならば逃げずに平易な言葉で説明し,ただの「やさしい入門テキスト」ではなく,「やさしい本格派テキスト」を目指しました。

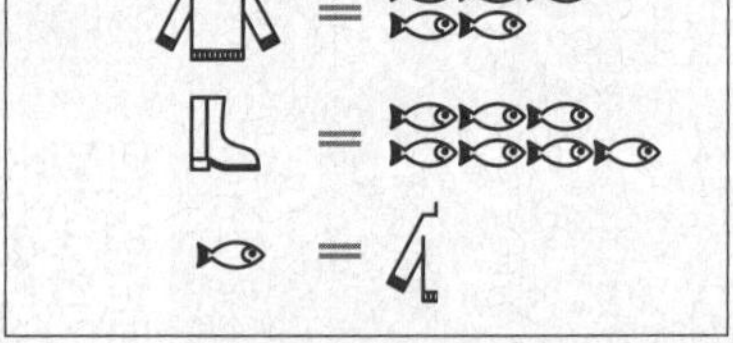

図表2-2 ▶▶▶ 価値の尺度機能

〈直感的な図表〉
図表を用いたほうが直感的にわかる場合は積極的に図表を用いています。

3 最初にポイントをつかむ

各章冒頭の「Learning Points」「Key Words」はその章で学ぶ内容や身につけたい目標です。あらかじめ把握することで効率的に学ぶことができ，予習や復習にも役立つでしょう。

4 自分で調べ，考え，伝える

テキストを読むことのほか，他の文献やネットで調べること，インタビューすることなど，知識を得る方法はたくさんあります。また，議論を通じ他の人の考えから学べることも多くあるでしょう。

そんな能動的な学習のため，各章末に「Working」「Discussion」「Training」「さらに学びたい人のために（文献紹介）」等を用意しました。

Learning Points

▶ 金融政策の大きな目的は，物価やGDPなどで示されるマクロ経済を安定化させることです。

しかし他方では，過去の金融政策が現在のマクロ経済状況をつくり出しているという側面もあります。

そのため金融政策とマクロ経済を切り離して考えることはできず，両方を同時に見ていくことが重要です。現在の金融政策を理解するために，過去の金融政策や，その前後のマクロ経済状況も知っておかなければなりません。

▶ 本章では，1970年代以降の日本のマクロ経済を見ていくことで，現在の日本経済の立ち位置を確認しましょう。

Key Words

マクロ経済　ミクロ経済　インフレ　バブル

Working 調べてみよう

1. 自分が所属するサークル・クラブあるいはアルバイト先の企業・組織の組織文化について調べてみよう。

2. 日産，日本航空，パナソニック（旧松下電器産業）などの企業から1社を選び，どのような組織変革を実施したか調べてみよう。

Discussion 議論しよう

1. 世の中には，お金を借りたい人と貸したい人が常に両方いるのはなぜでしょうか。お金を借りたい人・企業の数は常に変化するはずなのに，お金を借りるときの金利はあまり変化しないのでしょうか。

2. 中央銀行が金利操作を行うと，理論的には物価はどのような水準にもなり得ます。しかし，現実にそれほど物価が大きく変化しないのはなぜでしょうか。

Column　生まれながらのリーダーって？

本文でも説明したように，リーダーシップは生まれながらの資質・能力などの生育環境や教育によって育まれる能力なのかに関して，理論的な決着はついていません。1つだけ確かなのは，先天的要因だけあるいは後天的要因だけがリーダーシップを説明することはできないということです。それゆえに，「自分はリーダーシップがない人間だ」などと思う必要はないのです。

企業や組織で権限と責任のある地位に就いた時には，まず「地位勢力」（ヘッドシップ）とリーダーシップの関係を意識する必要があるでしょう。両者は厳密に区別されるわけではありませんが，「地位や権限を超えて，自分は部下（フォロアー）に影響を及ぼしているのだろうか」ということを自問自答することは有益です。こうした自覚はサークルやクラブで役職に就く場合でも重要です。

また「第5水準のリーダーシップ」で描かれるリーダーは，派手にマスコミなどに取り上げられるタイプではなく，地道な努力を積み重ねるタイプだということにも説明しました。これは個人の特性ともいえますが，自覚と努力次第である程度は身につけられるものです。このように，責任感を持って努力すれば，リーダーシップを発揮することは可能です。

---

5 …and more !!

実際の企業事例や，知っておくと知識の幅が広がるような話題をコラムにするなど，書籍ごとにその分野にあわせた学びの工夫を盛り込んでいます。ぜひ手にとってご覧ください。

＊教員向けサポートも充実！ https://www.chuokeizai.co.jp/basic-plus/

・テキストで使用されている図表や資料などのスライド

・収録できなかった参考資料やデータ、HPの紹介などの情報

・WorkingやDiscussion，Trainingなどの解答や考え方（ヒント）　など

講義に役立つ資料や情報をシリーズ専用サイトで順次提供していく予定です。

ベーシック＋プラス
Basic Plus

(株)中央経済社　　〒101-0051　東京都千代田区神田神保町1-31-2
Tel: 03（3293）3381　Fax: 03（3291）4437
E-mail: info@chuokeizai.co.jp

図表 7 – 4 ▶ ▶ ▶ ポジショニングにおける基本戦略

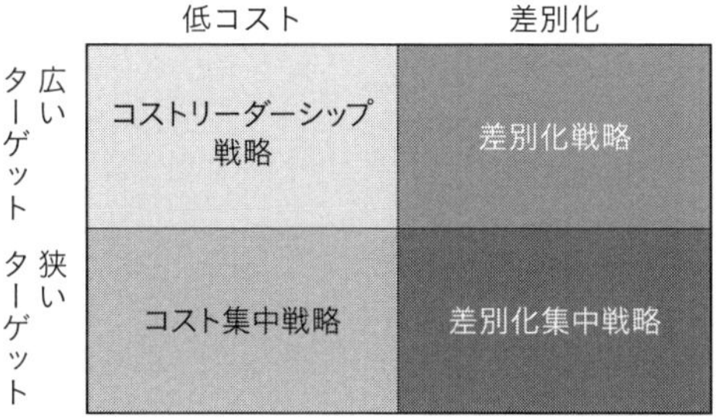

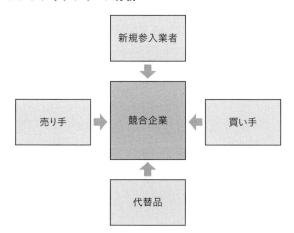

出所：Porter［1980］.

図表 7 – 5 ▶ ▶ ▶ ファイブフォース分析

出所：Porter［1980］.

　ブルー・オーシャン戦略では，どの企業も知っている既知の市場をレッド・オーシャンと呼び，レッド・オーシャンでの競争は不毛な価格競争が繰り広げられ，収益化が難しくなるとしています。一方，ブルー・オーシャンとは，競合企業の少ない市場を表します。よって，企業はブルー・オーシャンを探すことが重要だと指摘しています。ブルー・オーシャンに参入することで，高付加価値と低コストを実現することが企業の収益性を上げることにつながると考えられます。

ポーターの議論では，環境を所与のものとして，自分に合った環境の市場を探していくという受動的な戦略ですが，ブルー・オーシャン戦略では，他社のいない市場を自ら作り出すという能動的な議論をしています。ブルー・オーシャン戦略をポジショニング・スクールに分類することはあまりないのですが，ポーターの議論との対比としてここでは取り上げています。

5 　計画から創発へ
ラーニング・グループ①

　デザイン・スクールからポジショニング・スクールまでの流れでは，戦略において事前の計画を重視していました。なぜなら，技術や市場の不確実性を考慮するとはいえ，それほど高い不確実性を想定していなかったからです。

　特にデザイン・スクールにおいて企業で戦略を担うのはトップであり，戦略は計画として策定され，従業員はトップの定めた計画としての戦略を忠実に執行することが求められたのです。

　しかし，さらに不確実性が高くなると，事前にトップが環境の変化を捉えることが難しくなります。戦略を実行し，環境変化をじかに感じ取るのは企業の現場ですから，現場が感じ取った変化をすぐさま戦略に反映させる必要が生じました。

　このように，現場の組織が変化に対応して生み出す戦略を従来の**計画的戦略**に対して**創発的戦略**と呼びます。こうした創発的な戦略理論の学派は**ラーニング・スクール**と呼ばれます。事後的な学習によって戦略が修正されることが特徴だからです。

　気を付けたいのは，計画的か創発的かのどちらか一方が重要という話ではなく，両者をうまく組み合わせることが大切です。計画的戦略はトップが示す方向性や指針を示します。一方で，創発的戦略は，現場の経験や学習を活かして計画的戦略を修正することができるのです。ミドルマネジャーがその場の状況に応じて計画的戦略を変更することを**即興**といいます。

　計画と創発の関係性は，これまでに学んだ，テクノロジー・プッシュとデ

ィマンド・プルの関係性に似ていると思いませんか。ディマンド・プルの重要性は，顧客ニーズとの統合が図りやすい点にあります。つまり，市場という現場の情報をもとに，製品開発の方向性を修正してあげるプロセスでもあります。また，上流の計画は，将来を予測し，現在はまだ存在していない顧客ニーズに対応するための技術開発のプロセス，つまり，テクノロジー・プッシュ的な技術開発と同様に考えることができます。戦略計画にせよ，技術開発計画にせよ，市場との統合が必要であり，顧客ニーズに対応するように，計画は修正されなければならないということを意味しています。

6 コア技術戦略による多角化
ラーニング・スクール②

6.1 計画としての多角化と学習の結果としての多角化

　アンゾフの成長マトリクスに登場する多角化戦略は先述の通り，M&Aによって外部の資源や能力を獲得することを目的とした外部成長方式による多角化を企図していました。

　環境の変化によって既存の事業がこれまで高収益であったとしても，今後は不採算事業になってしまうということがあります。だからこそ，経営は管理だけではだめで環境変化に適応する戦略が必要なのです。アンゾフの多角化戦略は，不確実性のリスクがある既存事業の他にも収益の源泉を確保して，企業の持続性を高めることを狙っています。外部成長方式による多角化のメリットはポートフォリオ・マネジメント的なリスク軽減ということができます。複数の異なる事業を持つことでリスクを分散させることによって，不確実性リスクを軽減させるのです。

　外部成長方式による多角化は，事前の計画によって企業のM&Aを行い，新たな事業に進出するので，プランニング・スクールに属します。

　一方，内部成長方式による多角化は，企業が，組織的な学習の中で，自身が持っているさまざまな能力を見極め，多様な事業に応用展開するという文

脈で捉えられるので，ラーニング・スクールの議論として分類されます。

内部成長方式の多角化は，範囲の経済性のメリットをもたらす議論として展開されています。イノベーション・マネジメントの領域では**コア技術戦略**と呼ばれますが，戦略論領域では**コア・コンピタンス**の議論と呼ばれています。コア・コンピタンスとは中核的な資源という意味ですが，技術も技術的イノベーションにおいては，最も重要な資源になりますので，技術的イノベーションにおけるコア・コンピタンスの議論がコア技術戦略と考えてよいでしょう。

コア技術は中核的な企業の技術ということになりますが，単に自社が得意で他社にない技術であれば何でもコア技術になるわけではありません。それが特定の事業だけでなく，さまざまな市場において応用可能な汎用性のある技術がコア技術であると定義されます。

つまり，コア技術の使い回しによって複数市場で収益化を図ることが内部成長方式の多角化戦略だということができます。

化学メーカーの3Mは，接着剤や不織布などの基盤となるコア技術を複数保有し，それぞれのコア技術をさまざまな市場で事業化しています。たとえば，付箋紙のポストイットに使われている，貼ったり剥がしたりできる接着剤はもともと業務用の強力接着剤として開発が企図された技術でした。しかし，当初のもくろみとは異なる性質の技術となり，業務用ではなく一般消費者向けの製品として実用化されました。

また，不織布の技術は，コロナ禍で一気に有名になった一般家庭用のマスクの原料ですが，半導体工場などで使うクリーンルーム用の服など，さまざまな製品の原料として応用されています。

ある技術が1つの製品に応用されたときに，その製品の市場規模が拡大すればするほど**規模の経済性**が高くなります。規模の経済性とは販売数が増えれば増えるほど利益率が高くなることです。技術開発のコストは主に固定費ですから，販売数が増えるほど，製品1単位当たりのコストが減少するためです。

また，コア技術の場合，複数の事業領域に技術の応用先が広がり，広がれ

ば広がるほど**範囲の経済性**が高くなります。応用する事業の数が増えるほど利益率が高くなるのが範囲の経済性です。コア技術戦略による多角化は、規模の経済性と範囲の経済性を最大化して収益性を向上させる戦略と言えます。

　外部成長方式による多角化と内部成長方式による多角化は一見同じ新規事業の展開のように見えますが、前者の多角化は計画としての戦略であり、後者は学習の結果としての能力の多様な展開の戦略であるという違いがあることがお分かりいただけたと思います。

6.2 ／ コア技術戦略のリスク

　企業がコア技術に集中的に投資をして、規模の経済性や範囲の経済性を活かすのは効率の良い技術の使い回しと高収益化を実現するためです。しかし、あらゆる戦略が唯一絶対のものではなく、時間の経過とともにその有効性が変化するように、あるユニークで競争優位の源泉となる資源や技術でも時間の経過によって変化することが考えられます。第5章でみたように、イノベーションにはダイナミクスがあり、時間軸によって変化が起きるためです。

　実際の例をみてみましょう。シャープは国産テレビ台1号機を開発した家電メーカーでしたが、ブラウン管テレビの時代、キーデバイスであったブラウン管工場の投資に出遅れたため、他社製ブラウン管を調達してテレビの組み立てを行っていました。

　そこで、シャープはブラウン管の次のテレビ技術に先行投資をすることを決め、1970年の大阪万博への参加予定をキャンセルし、その資金を液晶開発の研究所の設置に使うことにしました。大阪万博会場であった大阪の千里からシャープが新たに研究所を開設した奈良県の天理市に投資先を変えたという意味で当時「千里から天理へ」と呼ばれていました。

　シャープは液晶技術をコア技術として集中的に投資を行い、開発された液晶技術をその当時の技術レベルで応用可能なさまざまな製品に応用しました。初期の時計や電卓の表示パネルから、ゲーム＆ウォッチ（任天堂が1980年

に発売した携帯ゲーム機）や携帯テレビ，ビデオカメラ，携帯電話へと次々とシャープのヒット商品に液晶技術は搭載されました。当初の目的であったブラウン管の次のテレビである液晶テレビは，2001 年からアクオスのブランドの発表によって業界に先駆けて本格的にブラウン管テレビから液晶テレビへのシフトを推し進め，2000 年代前半，シャープは液晶テレビの代表的メーカーに成長し，競争優位を確立しました。しかし，液晶技術が普及して模倣困難性が下がり，国内外の競合メーカーも液晶パネルの本格生産を開始すると，シャープの液晶技術の優位性は揺らぎます。にもかかわらず，シャープは自社開発の液晶パネル技術への過信もあって，液晶の次の戦略を打ち立てることができずに最終的には経営破綻に見舞われます。

　シャープの成功は液晶技術に集中的に投資をしたことで，日本の家電メーカーとしては中堅規模であったにもかかわらず，液晶業界のリーダーになることができました。しかし，競合企業が液晶技術をキャッチアップするとその優位性は崩れ去ったのです。液晶技術はまたシャープに経営危機をもたらしました。これは，液晶技術が模倣困難で稀少な資源であった時代から，ユニークな資源でなくなる技術環境の変化にシャープが対応できなかったからです。

　コア技術は，ある資源に集中して投資をする戦略ですので，その資源が競争優位の源泉であるうちは，効率的に企業に収益をもたらしますが，特定の資源への集中は他の選択肢を失わせますので，その資源が有効でなくなったときには一気にリスクとなってしまうのです。ですから，コア技術は定期的なメンテナンスや入れ替えを行っていく必要があるのです。

7 なぜ企業は技術開発をするのか
カルチャー・スクール

　第 2 次世界大戦終結以降，世界経済の中心はヨーロッパからアメリカに移り，このころのアメリカ経済の象徴的な存在が，自動車とエレクトロニクスでした。しかし，1970 年代以降，日本の自動車企業やエレクトロニクス企

業がアメリカ市場を席巻するようになり，アメリカ経営学の世界では，日本の産業の強みの分析が盛んに行われるようになりました。このときに，注目されたのが日米の文化の違いです。1980年代から1990年代前半ぐらいにかけて，日本の産業競争力の源泉を日本文化の特徴に求めようとする議論が活発に行われ，**カルチャー・スクール**という地域や企業の文化に着目した戦略論の学派が形成されました。

　当初盛んだった日本特殊論のような日本研究は次第に下火になりましたが，カルチャー・スクールは，国や企業の持つ文化の違いが固有の組織の資源を生み出しているという議論に発展していきます。

　その代表的な議論が，バーニーらによって展開された**リソース・ベースド・ビュー**（RBV）という理論です。

　ポーターは環境が戦略の規定要因と考えましたが，RBVの立場では，企業が有する特殊で模倣困難性が高い資源こそが競争戦略を有利に導く源泉と考えたのです。

　企業が技術開発を懸命に行うのは，技術という模倣困難性の高い資源を獲得するためです。ある製品を作るために開発された技術は，企業の能力として蓄積されていき，他の製品や事業に応用されていきます。技術開発の能力の積み重ねこそが，企業に模倣困難性の高い資源をもたらすからこそ，企業は研究開発に投資を行うのです。

　企業活動の短期的な成果は利益によって測ることができますが，長期的な成果は，技術や**組織能力の積み重ね**という資源の獲得によって示すことができます。また，短期的な利益と長期的な資源の獲得は相反するところがあります。長期的な技術の積み重ねには，研究開発投資が必要なので，短期的な利益を縮小させます。もし，企業が短期的な利益だけを目標に経営を行うと，長期的な競争優位の源泉である技術の獲得が困難になると言えます。

　また，2000年代初頭には，環境か資源か，どちらが戦略の規定要素かというポーターとバーニーとの間の論争がありましたが，環境の議論と資源の議論はそもそも相反する議論ではなく，両者とも重要というのが今日の一般的な見解です。一橋大学の楠木建教授は，環境と資源という前提条件を整え

たうえで，製品や事業のコンセプトを明確にし，首尾一貫とした**事業のスト
ーリー**が戦略には重要であると述べています。

8 イノベーション戦略のための企業間の分業

　本節では，ミンツバーグの分類を超えて，企業が単一の組織だけでなく，
他の組織と協調と競争を同時に行っていく，複数企業間の戦略の議論につい
て紹介します。

8.1 コア・リジディティと NIH 症候群

　企業が持つユニークな資源が時間経過とともに競争優位の源泉でなくなっ
ていくとしても，その過程で企業が特定の資源に集中した結果，コア技術が
企業を支配し縛りつけるということが起きます。過去の成功体験への過信や
これまで集中投資をした資源を手放すのがもったいなくなるとか，特定の資
源に合わせ込んで企業が効率化されたりすることから，コア技術に集中すれ
ばするほど，そのコア技術の呪縛から逃れにくくなるのです。第5章で示し
たレオナルド＝バートンのコア・リジディティの議論がこれに当たります。
　先にみたシャープの事例のようにコア技術戦略で成長した企業も，コア技
術がコア・リジディティを担ってしまうと競争優位が失われてしまうのです。
　企業が既存の自社技術にとらわれてしまうことは**NIH 症候群**（Not
Invented Here syndrome）という言葉でも示されています。「Not Invented
Here」とは「ここで発明したものではない」という意味で，すべての技術
を自社で開発しようとする企業の傾向を意味します。もともとは経営学者の
カッツとアレンが，企業のエンジニアが長く在職すればするほど研究開発の
成果が落ちることを指して NIH 症候群と呼んだのですが，今日では，企業
が自前の技術だけを使いたがる自前主義全般を NIH 症候群と呼ぶようにな
りました。

イノベーションは，既存の技術同士の組み合わせでも起こりうるものですから，すべてが自前の技術でなくてもイノベーションは起こせます。他社の技術を自社の技術と組み合わせたり，あるいは組み合わせだけを自社が担当しても，イノベーションは起こしうるものなのです。

しかし，企業のマネジャーやエンジニアがNIH症候群に陥ると，すべてが自社内で開発されたかどうかが技術選択の理由になってしまいます。あらゆる分野で常に自社の技術が優れているとは限りませんので，イノベーションの効果を最大化しようと考えるのであれば，外部の技術の助けを借りることも有効な選択肢なのですが，自社の技術や資源にとらわれることが，ある面では企業の戦略の足を引っ張るのです。

自社の技術や資源だけにとらわれずに，外部の資源を有効に活用しようとする戦略が分業です。企業が分業をうまく取り入れながら，どのように競争優位を獲得するのか，次節以降で考えていきましょう。

8.2　分業の妥当性

戦略の基本は自社の技術や資源が顧客にとって価値があり，競合企業に対して希少性と模倣困難性があるときに，その技術や資源を使って事業を行って，競争優位を獲得することです。ですから，顧客にとって価値があっても，その技術や資源が他社に有利なものであれば，その事業を行うべきではないので，企業は自社内に技術を囲い込もうとします。そのため，NIH症候群は戦略的な思考の結果，正当化されやすいのです。

しかし，実際のビジネスをみてみると，自社の囲い込みとは反対の方向で企業間の分業が進んでいます。たとえば，先ほどのテレビを考えると，20世紀のブラウン管テレビ市場で競争力のあるメーカーは，自社のブラウン管を持ち，自社でテレビという最終製品の開発を行い，自社ブランドで販売していた典型的な垂直統合型の企業でした。しかし，今日では，日本が部材や製造設備などの要素技術を開発し，日本の技術で韓国メーカーが液晶パネルを開発し，韓国の液晶パネルを中国メーカーがテレビとして製品化するとい

うような分業が当たり前のように行われています。自社の競争優位の獲得という戦略の目標を考えたときに分業はどのように捉えたらよいのでしょうか。

　分業に関する多くの研究は，製品にとって重要でない技術は分業可能で，自社は重要な技術だけを集中的に開発するということを示しています。このとき，何が重要かは，必ずしも目に見える技術とは限りませんし，技術的に重要であっても，ビジネスとして他のところで優位性を確保できるなら，分業しても構わないのです。たとえば，学習院大学の武石彰教授は，製品開発に関する能力を個々の要素技術に関わる能力と，製品をシステムとして捉え，部品と部品の間を調整する能力（**アーキテクチャ能力**）とに分けて，アーキテクチャ能力によって競争優位が築けるのであれば，要素技術は分業可能であるとしています。

　また，MIT のクスマノ教授などの**プラットフォーム**型産業の研究によれば，サプライチェーンの各段階の中で，全体に強い影響力を及ぼす部分を抑えれば，分業をしていても全体を支配しているのと同じ状況が作れるとしています。このとき，サプライチェーン全体を支配する企業の能力を**プラットフォーム・リーダーシップ**と呼びます。マイクロソフトの Windows やインテルの CPU が PC という製品システム全体の開発の方向性を示し，PC を構成するマザーボードやメモリなどの各技術が，その方向性に従わざるを得ない状況になっているのがプラットフォーム・リーダーシップの好事例です。

　また，分業とアーキテクチャとの関係でいえば，ハーバード大学のボールドウィン教授とクラーク教授は，モジュラー・アーキテクチャを採用する製品では，部品間のインターフェースを事前に規定するデザイン・ルールを自社に有利になるように決めることができれば，デザイン・ルールを決めた会社がプラットフォーム全体のリーダーシップを握ることができると示しています。

　これらの研究に共通していることは，技術や資源を規定するメタな能力が競争優位の源泉となるような状況を示し，競争優位をもたらすメタ能力を囲い込むことができれば，個々の技術や資源は外部化できるということを示しています。

8.3 標準化戦略

　分業が最も効果を発揮するのは，技術や製品の**標準化**が必要な事業の場合です。標準化は，企業が開発した技術を共通の規格にまとめて，広く同業企業に同一規格の採用を促す活動です。競合企業に対して自社が開発した技術を無償で提供することもあります。囲い込みとは正反対の事象です。

　なぜ，標準化を行う必要があるのでしょうか。それは，ある種の製品が，ネットワークを形成し，そこに**ネットワーク外部性の便益**がある場合です。ネットワーク外部性とは，製品がネットワークを形成するときに，製品の価値が，製品単体の機能・性能ではなく，ネットワークの規模によって規定されることを指しています。製品の機能・性能は企業内部の技術で規定できる問題ですが，ネットワークの規模はどれだけ顧客がその製品を購入したかによる外部の出来事ですので，コントロールできない外部の要因であるネットワークの規模が製品の価値を決めることから，ネットワーク外部性の便益と呼ぶのです。

　製品のネットワークには，電話やインターネットのように物理的にネットワークになっているものもあれば，同じ規格のPCや記録メディアのように互換性のある製品同士でバーチャルなネットワークを築いている場合もあります。

　たとえば，携帯電話は通信ネットワークという物理的なネットワークに属しています。携帯電話の価値は,個々の製品の機能・性能以前の問題として,同じネットワークにどれだけの人が参加しているか，つまりネットワークの規模によって決められます。携帯電話に似た技術でPHSというサービスがありましたが，2021年1月末に最後の1社がサービスを終了しました。

　PHSの事業者は携帯電話よりも安い料金プランや，PHSユーザー同士の無料通話プランなど携帯電話よりも優れたサービスを提供しましたが，そもそも家族や友だちなど，自分がつながりたい相手がPHSを持っていなければ，PHSのこれらのサービスは意味をなさないので，ユーザーが離れていったのです。携帯電話の加入者のネットワークが携帯電話の価値を決めてい

たということです。

　バーチャルなネットワークとしては，カセットテープの事例が挙げられます。今日では珍しくなったカセットテープですが，現在のカセットテープはオランダのフィリップス社が作った規格が無償で世界中のメーカーに提供された「コンパクトカセット」という規格です。

　フィリップスがコンパクトカセットの規格を無償で開放するまでは，メーカーごとにいくつかのカセットテープの規格が提唱されていました。しかし，カセットテープはたとえば，自宅で録音する機器，外出先で聴くためのヘッドフォンステレオ，車の中で聴くカーオーディオなど，1つのメディアをさまざまな機器で再生することが想定されるので，すべての機器で規格が統一されていないと不便です。

　また，カセットテープを友だちと貸し借りするということもありますので，人によって所有しているカセットテープの規格が違うとこれもまた不便です。こうしたリアルなネットワークでなくても，カセットテープのメディアを通じて，機器間をバーチャルなネットワークでつなぐような製品はやはりネットワーク外部性の便益があり，規格が標準化されることに意味があるのです。

　標準化のプロセスには，事前に各社で採用する規格を国や規格化団体で決めておく**デジュール標準**というやり方と，各社がそれぞれの企画の製品を市場に投入し，最終的に大多数の顧客を獲得して生き残った規格を標準とする**デファクト標準**の2つがあります。

　企業は，自社の規格が標準として採用されれば，自社技術を有する優位性を示すことができますので，デファクト標準において，できるだけ多くの顧客の支持を得ようとします。そのために，安価時には無償で自社の規格の製品を顧客に提供することがあります。結果的に自社の規格がデファクト標準になれば，その後の収益化が可能ですが，一方で，デファクト標準を獲得するために激しい価格競争が誘引され，収益が圧迫されるリスクも存在します。

図表 7 - 6 ▷ ▷ ▷ Stuck in the Middle（中途半端）

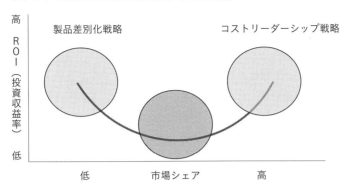

出所：Porter［1980］.

8.4 オープン・イノベーション戦略

　分業と標準化の議論の今日的な意義は，**オープン・イノベーション戦略**を取り入れるための基本的な考え方となる点です。多くの日本企業，特にエレクトロニクス産業においては，20世紀後半には約10社の総合エレクトロニクス企業が存在し，すべての会社があらゆる分野の製品を自前で開発していました。しかし，こうしたやり方は，先に述べたNIH症候群を引き起こし，多くの企業が，自社で行うことと，外部から取り入れる資源を切り分けるようになりました。そこで，今日では，企業内外の境界を越えて，企業外部の組織（他社や大学，ベンチャー企業など）とタッグを組んで，新たなイノベーションを起こそうというやり方にシフトしています。これがオープン・イノベーション戦略です。

　オープン・イノベーションとは，社内に囲い込むことなく，他社と分業をしていくことに他なりません。スムーズにオープン・イノベーションを実装するためには，他社と仕事を明確に切り分ける分業のマネジメントが必要です。また，他社と組むということは，他社と共通の技術や部品を使うということにも繋がりますので，技術の標準化が求められます。

　コア・リジディティやNIH症候群を乗り越えて，分業と標準化のマネジ

メントをうまく活用することがオープン・イノベーションを成功させるカギと言うことができます。

Working   調べてみよう
1. どんな技術がコア技術の要件に当てはまるか考えてみよう。
2. 身の回りの製品やサービスの標準化の事例を考えてみよう。

Discussion   議論しよう
企業の全体戦略の中で技術はどのように位置付けるべきか議論しよう。

▶▶▶さらに学びたい人のために ─────────────

● 長内厚［2020］『読まずにわかる！「経営学」イラスト講義』宝島社。
● 楠木建［2012］『ストーリーとしての競争戦略』東洋経済新報社。
● 延岡健太郎［2006］『MOT［技術経営］入門』日本経済新聞社。
● 山田英夫［2008］『デファクト・スタンダードの競争戦略』白桃書房。
● Kim, W. C., & Mauborgne, R.（2007）*Blue ocean strategy*. Boston: Harvard Business School Press.（入山章江監訳，有賀裕子訳『（新版）ブルー・オーシャン戦略』ダイヤモンド社，2015年）
● Mintzberg, H., Ahlstrand, B., & Lampel, J.［2009］*Strategy Safari: A Guided Tour Through The Wilds of Strategic Management*（2nd ed.），Upper Saddle River, NJ: Pearson Education.（齋藤嘉則訳『戦略サファリ（第2版）』東洋経済新報社，2013年）

参考文献

- 沼上幹 [1989]「市場と技術と構想」『組織科学』23（1），59-69.
- Ansoff, I. [1957] Strategies for Diversification. *Harvard Business Review*. 35(5)．113-124.
- Barney, J. B. [2002] *Gaining and Sustaining Competitive Advantage* (2nd ed.)，Upper Saddle River, NJ: Pearson Education.（岡田正大訳『企業戦略論（下）全社戦略編 競争優位の構築と持続』ダイヤモンド社，2003年）
- Iansiti, M. [1998] *Technology Integration*. Boston: Harvard Business School Press.
- Leonard-Barton, D. [1992] Core capabilities and core rigidities: A paradox in managing new product development. *Strategic management journal*, 13(S1)，111-125.
- Porter, M. [1980] *Competitive Strategy: Techniques for Analyzing Industries and Competitors*. NY: Free Press.

第 **8** 章 イノベーションと新製品開発

Learning Points

▶新製品開発は,企業の事業戦略の中で重要な位置を占めることを理解します。

▶企業での新製品開発がどのようなプロセスで進むのかを理解します。

▶新製品開発を効果的かつ効率的に進める組織設計とマネジメントについて理解します。

Key Words

新製品開発　設計情報　機能別組織　プロジェクト専従組織　プロジェクト・チーム組織　軽量級プロジェクト・マネジャー　重量級プロジェクト・マネジャー　コンカレント・エンジニアリング　フロント・ローディング

1 新製品開発

1.1 新製品開発の意義

「○○社から新製品発売！」。皆さんは,普段,広告やニュースでこのような言葉をよく見ていると思います。現在,企業によりさまざまな新製品が開発され市場に出ています。

新製品開発は,企業が成長していくために不可欠なものです。もし,新製品の開発がなければ,いつまでも昔の製品を販売しなければなりません。時間とともに,消費者の関心は変化し技術は進化していきます。昔の製品のままでは時代に取り残されてしまいます。

逆に,画期的な新製品が開発できれば,多くの顧客に受け入れられ,企業の売上,収益に貢献し企業の発展につながります。このように新製品開発は,企業の事業戦略の中で重要な位置を占め,画期的な新製品の開発はまさにイ

137

ノベーションにつながります。本章ではこの新製品開発について学びます。

1.2 新製品開発の対象と主体

　新製品の開発というと皆さんは自動車やスマホのといった製品を思い浮かべるかもしれません。製品は大きく有形のものと無形のものに分かれます。有形のものは，自動車，スマホといった形あるものです。医薬品も有形の製品です。無形のものはゲームなどのソフトウェア，自動車保険など実際の形のないものです。無形のものにはサービスも含まれます。

　製品の中に無形のサービスも含まれるとなると，市役所などの公共機関が行う行政サービスも製品の1つと言えます。たとえば，教育，介護，図書館などの公共施設のサービスです。図書館でいえば，購入する本・雑誌・新聞の選択基準，開館時間・閉館時間，休日などは市や町によって異なります。

　ただし，行政のサービスは，公共の福祉のために皆さんから税金を徴収し実施しているため，企業のサービスとは性質が異なる部分もあります。図書館の例でいえば，たとえ高価な専門書でもその地域で必要であるならば，購入し蔵書として持っておいたほうがよいでしょう。一方，同じ地域の漫画喫茶でこのような専門書を購入しても利用者のニーズとは合わないでしょう。

　本章では，皆さんの理解のために，これから企業の製品開発に焦点を当てて説明をしていきます。ただし，製品開発の主体は企業だけにとどまらないということを理解しておいてください。

1.3 設計情報

　藤本隆宏教授は，製品とは**設計情報**が媒体（素材）に転写されたものであると定義しています（藤本 [2001]）。設計情報は，たとえば，自動車の設計図やゲームのプログラムを考えてもらうとよいと思います。自動車の設計図には，その自動車の構造，性能，機能，安全性といった情報が詰まっています。

　媒体は，前述したとおり有形のものもあれば無形のものもあります。そし

て，設計情報を媒体に転写するとは，有形の製品の場合は生産活動のことを指します。

　たとえば，自動車工場では，自動車の設計図（設計情報）に沿って，その自動車の生産が行われています。ゲームについては，プログラム（設計情報）をBD-ROM，SDカードに転写し販売する場合もあれば，インターネットからゲームのプログラムを顧客のハードディスクにダウンロード（転写）してもらう販売方法もあります。

　ゲームのように，設計情報を転写する媒体は異なる場合もあります。しかし，転写する媒体は違っても設計情報自体は同じです。逆に転写する媒体が同じでも，設計情報が異なれば別の製品になります。このように考えると新製品開発とは新しい設計情報を創造することだと言えます。

2 新製品開発のプロセス

2.1 新製品開発プロセスのモデル

　それでは，設計情報の創造，すなわち一連の新製品開発はどのようなプロセスで行われるのでしょうか。**図表8−1**は，有形の製品の場合の新製品開発のプロセスのモデルです。無形の製品の場合は，この図の中の工程設計や生産がないバージョンだと考えてください。

　新製品開発では，まず，どのような製品にするのかターゲットとする顧客を特定し，その顧客にどのような価値を提供するのか，新製品のアイデアを検討し，新製品のコンセプトを固めます。

図表8−1 ▶▶▶新製品開発のプロセス

次にその製品コンセプトに沿って，基本設計を行い，それをもとに暫定的な製品計画を策定し，このような新製品を開発し市場で販売した場合，どれだけの売上，利益になるか，開発，生産のコストはどれだけかかるのかといった事業収益性を検討します。

　事業収益性があると企業が判断した場合，本格的な設計に入ります。機能設計，構造設計では，製品コンセプトの実現に必要な機能，構造の設計を検討していきます。製品の機能設計と構造設計が終わると，今度は，その製品を工場でどのように生産するか工程設計を行います。

2.2 現実の新製品開発のプロセス

　前項では新製品開発のプロセスをモデルに沿って説明してきました。ただし，このモデルは皆さんの理解のために単純化したモデルであって，現実の世界では，このような一方向の流れで製品開発が進むことはまずありません。製品コンセプトの作成ひとつを取っても，さまざまな製品コンセプトが考えられます。顧客だけでなく競合他社も考慮する必要があります。

　企業の中で，さまざまな製品コンセプトが出され，検討の結果，この製品コンセプトで進もうとなっても，事業収益性の評価で収益性がないと判断された場合は，また，製品コンセプトの作成に戻らないといけません。

　機能設計，構造設計に進んでも，ある機能，構造を実現するための方法はいくつもあります。どのような方法で機能を実現するのか，コストとのバランスも重要です。新しく出た画期的な素材を新製品に採用したいと考えていてもコストがあまりに高くなり過ぎるのであれば，設計を考え直さなければなりません。

　工程設計でも，新製品の生産があまりに難しいとなると，生産ラインが頻繁に止まってしまう，たとえ生産できたとしても不具合が多く後で調整が多くなることが予測されます。生産をしやすくするために，製品の設計をもう一度，やり直すこともあります。

　このように現実の新製品開発の世界は，さまざまな試行錯誤の連続です。

これまでにない画期的な新製品を開発しようとすればするほど，通常，さまざまな壁に当たります。

　新しい機能がきちんと動くかどうか，安全性は大丈夫かといった試験も随時，行っていく必要があります。試験の結果が悪ければ，もう一度，設計を考え直す必要があります。試験の結果が悪いまま，製品を販売してしまうと不良品を顧客に販売することになり，大きな事故を起こしてしまうことにつながります。

　ただし，設計のやり直しを何度も行っていくと，最初の製品コンセプトとは違ったものになってしまう可能性もあります。最初の製品コンセプトは「A」だったのに，設計の修正によりそれが「B」や「C」になってしまうと，製品として顧客に提供する価値も変わってしまいます。そのため，新製品開発では，製品コンセプトがむやみにずれないように効果的に新製品開発を進めていく必要があります。

2.3 新製品開発の競争

　新製品が顧客に対して価値があり，その上で，品質のしっかりした製品を市場で販売しなければならないことは当然のことです。しかし，その一方で新製品開発にかけられる企業のヒト，モノ，カネといった資産は有限です。時間も考慮しなければなりません。

　たとえば，A社が画期的な新製品の開発に取り組んでおり，その費用として100億円の資金がかかり，1,000人がその開発に参加し，開発期間は5年間かかると計画しているとします。

　しかし，同時期に，B社がその半分の費用，人員，期間（50億円，500人，2.5年）で同じような新製品の開発に成功したとしたら，B社の製品のほうが市場に早く出るので，顧客はB社の製品を購入するでしょう。B社のほうがA社よりも効率的に新製品開発を進めていると言えます。

　A社は，2.5年後に同じような製品を市場に出してもしかたがないので，製品開発を中止するか製品開発の方向性を転換するなどの決断をしなければ

なりません。

　もちろん，良い製品を効率的に開発し販売したからといって必ずしもその製品が成功するとは限りません。逆に新製品開発に時間と予算が予想の何倍もかかり効率的には進まなかったけれども，あるブームが起こったおかげで売上が伸びたということもあります。新製品の成功にはさまざまな要因が絡みます。

　スポーツの世界で強い選手やチームがいつも必ず勝つわけではないのと同じです。しかし，どのスポーツでも選手やチームはより強くなるため日々，練習を重ね，試合の作戦を考えています。

　その中で，高校野球のような1回限りの試合では，チームの実力，作戦に加え，運や偶然が大きく影響します。それがドラマになり，甲子園では多くの人が熱狂します。

　それに対し，プロ野球のペナントレースは，年間で約140試合を戦います。プロ野球の試合も高校野球と同じく，運や偶然の要素はあります。しかし，長い目で見れば，チーム打率，チーム防御率などの数値が高い実力のあるチームが優勝，もしくは上位になります。

　新製品開発の競争も，通常，1回で終わる競争でなく何回も続く競争です。運や偶然に頼っていては，すぐに競争についていけなくなってしまいます。また，効率的に新製品開発を行うことができれば，節約できたヒト，モノ，カネといった資産は，別の開発や別の戦略に用いることもできます。

　それでは，新製品開発を効果的かつ効率的に進めるためにはどうすればよいのでしょうか。新製品開発の一連の研究では，大きく，新製品開発のための組織設計とマネジメントが重要な要因になることが分かっています。

3 / 新製品開発の組織

3.1 新製品開発のタイプ

　企業での新製品開発では，組織のタイプは大きく①**機能別組織**，②**プロジェクト専従組織**，③**プロジェクト・チーム組織**に分かれます（図表 8 − 2）。順番にみていきましょう。

3.2 機能別組織

　企業の組織は，通常，開発部，生産部，調達部，営業部といった形で機能ごとに分かれています。開発部門の中には，機械の開発，ソフトウェアの開発などさまざまな専門家が同じ部門内に集められています。専門家は人数によって，ソフトウェア開発課といった形で課やチームとしてまとまってい

図表 8 − 2 ▶ ▶ ▶新製品開発組織の類型

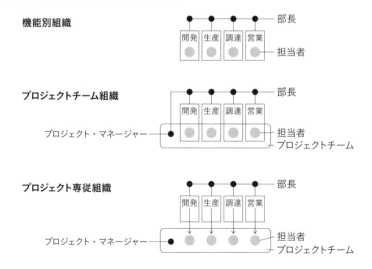

出所：近能・高井［2010］，266頁をもとに筆者作成。

す。そして，開発部長がこれらの組織を統括しています。

　機能別組織は，部門内に専門家が集められているので，部門内での知識・ノウハウ，技術の蓄積やその伝達がやりやすくなります。たとえば，生産部では，生産に特化しているので，その知識・ノウハウ，技術が生産部の中で蓄積されていきます。このように蓄積された知識・ノウハウ，技術は，別の製品を生産するときにも生かされます。

　機能別組織による新製品開発は，このような機能別組織をもとに新製品開発を行います。新製品開発の責任者は，開発部長，生産部長などよりも上の職位の事業本部長といった人が担当することになります。

　問題は，各部門の利害が対立したときです。たとえば，開発部長と生産部長が新製品開発のデザインをめぐって，開発はこのデザインで行きたいと考えています。それに対し，生産はこのデザインの生産は難しいのでデザインの変更を求めるといったことが起こります。各部門での最適が企業全体の最適にはつながらないということです。

　開発部門，生産部門がそれぞれ強い希望を持っていれば，調整は難しくなり，時間がかかります。また，同時に複数の新製品開発を進めており，別の新製品開発では，開発部門と営業部門が対立しているという場合もありえます。こちらのほうが深刻な問題であれば，事業本部長はその解決に集中しなければならず，前述のデザインをめぐる開発部門と生産部門の調整は遅れ，その分，この製品が市場に出るのも遅れます。

　機能別組織は，各部門に知識・ノウハウ，技術が蓄積されていくというメリットがあり，それぞれの専門性を高めていくことができます。このような機能別組織による新製品開発は，新製品開発の数がたとえば，1つなら，たとえ部門間の対立があっても事業本部長による調整はしやすいでしょう。また，新しく開発する製品が現行製品の延長にあるような製品であれば部門間で対立することもないでしょう。

　しかし，新製品開発の数がその企業にとって明らかに多すぎる場合や新しく開発する製品が現行の製品とは全く異なる製品の場合，部門間の対立の調整に時間と労力を要することになります。

3.3 プロジェクト専従組織

　次にプロジェクト専従組織をみてみましょう。プロジェクト専従組織では，開発部，生産部，調達部，営業部といった各部門から，新製品の開発を目的として，人が集められ，その新製品開発のためのプロジェクト専従組織が独立した組織として作られます。開発部から選ばれた人は，開発部を離れ，この組織に所属することになります。そして，新製品の開発が終了した後は，もとの開発部に戻ります。

　イメージとして，プロジェクト専従組織は，新製品開発のために，さまざまな部門から人がある部屋に集められ，その人たちがその部屋で日々，新製品開発に取り組んでいる姿をイメージしてもらえばよいと思います。

　プロジェクト専従組織のメンバーの中の1人がその組織の責任者としてプロジェクト・マネジャーに任命されます。このプロジャクト・マネジャーが担当する新製品開発に責任と権限を持ちます。

　プロジェクト専従組織による新製品開発は機能別組織による新製品開発に比べて，各部門から専門家が集められ独立した組織が作られ，プロジェクト・マネジャーが新製品開発に責任を持つので，部門間の調整はやりやすくなっていると言えます。仕事も新製品の開発のみに専念できるため，開発は早く進みます。

　その一方で，プロジェクト専従組織には問題もあります。それは，プロジェクト専従組織が組織として独立していることによる問題です。前述したとおり，プロジェクト専従組織は，プロジェクトの終了後，解散します。組織がなくなってしまうので，そこで生み出された知識・ノウハウ，技術は組織としては残りません。他方，機能別組織による新製品開発では，各専門家はその部門に属し，そこで開発が行われるため，知識・ノウハウ，技術はその部門に蓄積されていきます。

　また，このようなプロジェクトがいくつかある場合，それぞれのプロジェクト専従組織は独立して各々の新製品開発に専念しているため，プロジェクト専従組織間で知識・ノウハウ，技術の共有が難しくなるという問題があり

ます。あるプロジェクト専従組織が開発に取り組んでいる新技術を別のプロジェクト専従組織も開発しているという事態も起こる可能性があります。各プロジェクトの最適が企業全体の最適にはつながらないということです。

　プロジェクト専従組織は，開発のスピードが最も優先されるような新製品開発には向いています。しかし，知識・ノウハウ，技術の蓄積，共用が困難になるという問題を持っています。もし，各プロジェクトで同じような開発に取り組んでいるとなると，ヒト，モノ，カネといった資産の浪費にもつながります。

3.4　プロジェクト・チーム組織

　3番目にプロジェクト・チーム組織をみてみましょう。プロジェクト・チーム組織による新製品開発では，開発，生産などの専門家は，開発部，生産部などの機能別組織に属しています。ここまでは機能別組織による新製品開発と同じです。プロジェクト・チーム組織では，この上で，各部門を横断してプロジェクト・チームが作られます。プロジェクト・チームには，責任者としてプロジェクト・マネジャーが置かれます。

　イメージとして，プロジェクト・チームのメンバーは，最初に会議室に集まり，新製品開発の目標，スケジュールなどを共用した後，普段は開発部や生産部の部屋で仕事を進めながら，適宜，会議室にプロジェクト・チームのメンバーが集まり，進捗状況や課題を議論し，また，各部門に戻っていくといった姿をイメージしてもらうとよいと思います。

　プロジェクト専従組織の問題は，プロジェクトの終了後，組織が解散するため，そこで生み出された知識・ノウハウ，技術が蓄積されないこととプロジェクト専従組織間で知識・ノウハウ，技術の共有が難しくなるということでした。

　これに対して，プロジェクト・チーム組織では，メンバーは開発部門などに所属しているため，その部門に知識・ノウハウ，技術を蓄積していくことができます。このような知識・ノウハウ，技術は新しいプロジェクトにも活

用することができます。

　新製品開発のプロジェクトがいくつか動いていたとしても，開発部であれば，開発部長がそれぞれのプロジェクトの開発の部分をみているため，開発の重複を防ぐこともできます。そのため，実際の企業の新製品開発でもプロジェクト・チーム組織のタイプがとられることが多くなっています。

　それでは，プロジェクト・チーム組織に問題はないのでしょうか。もう一度，図表8−2のプロジェクト・チーム組織の図をみてください。あなたは開発部門で働いていたとします。その一方である新製品開発プロジェクトにも参加していたとします。もし，開発部長とプロジェクト・マネジャーが異なる指示を出したら，あなたはどちらの指示に従えばよいのでしょうか。このように，プロジェクト・チーム組織による新製品開発では，開発部，生産部といった機能別組織とプロジェクト・チームとの調整が必要になってきます。

---

4 ／ 新製品開発のマネジメント

4.1 ／ プロジェクト・マネジャーの役割

　プロジェクト・チーム組織による新製品開発では，機能別組織の長とプロジェクト・マネジャーの2人の長がいます。この2人の権限が同じものであったら，その下で働いている人は，どちらの指示に従えばよいのか分からず混乱してしまいます。

　そのため，多くの企業では，通常，機能別組織の長とプロジェクト・マネジャーのどちらがより権限を持っているのかを決めています。この場合，プロジェクト・マネジャーが機能別組織の長より権限を持っていない場合と持っている場合があります。

　前者は機能別組織の長よりも権限を持っていないので**軽量級プロジェクト・マネジャー**，後者は**重量級プロジェクト・マネジャー**と呼ばれています。

前節の問題ですが，あなたがプロジェクト・チーム組織を採用している企業の開発部門で働いており，開発部長とプロジェクト・マネジャーが異なる指示を出した場合，会社の規則上，プロジェクト・マネジャーが軽量級であれば開発部長の指示に従い，逆に重量級であればプロジェクト・マネジャーの指示に従えばよいということなります。

　軽量級プロジェクト・マネジャーは，機能別組織の長より権限がないため，基本的に各機能別部門の調整役として，新製品開発を進めます。

　それに対し，重量級プロジェクト・マネジャーは，開発部長，生産部長といった機能別組織の長よりも強い権限を持ちます。あらゆる機能別組織の長よりも強い権限を持つということは，製品コンセプトから開発，生産，販売に至るまで権限を持っているということです。

　新製品開発の成功が重量級プロジェクト・マネジャーにかかるため責任は非常に重くなりますが，その権限で問題を調整，解決できるため，新製品開発のプロセスは早く進みます。

　重量級プロジェクト・マネジャーの代表的な例は，自動車産業のチーフエンジニア（トヨタ），ラージ・プロジェクト・リーダー（ホンダ）と呼ばれる人たちです。これらの人たちは，新車開発のコンセプト作りから設計，生産，販売に至るまで強い権限と責任を持ち，新車開発を牽引しています。

　以上のようにプロジェクト・チーム組織では，プロジェクト・マネジャーがその権限に基づいて，機能別組織とプロジェクト・チームとの調整を行っています。

4.2　コンカレント・エンジニアリングとフロント・ローディング

　さらに新製品開発の効率を高めるマネジメントして，**コンカレント・エンジニアリング**と**フロント・ローディング**があります。

　通常，新製品開発のプロセスでは，開発が終わったら次は生産とフェーズごとに進めていきます。開発のフェーズをみても開発計画に沿って，順番に開発を進めていきます。

コンカレント・エンジニアリングは，このフェーズをオーバラップさせ，開発期間の短縮につなげるマネジメントです。開発と生産であれば，開発フェーズの途中で生産の準備を始めるということです。従来であれば開発フェーズが終わったところで生産の準備を始めるのですから，その分，全体の期間は短くなります。

次にフロント・ローディングについてみていきましょう。新製品開発では，後のプロセスで変更があればあるほど，その変更のために時間と費用がかかってしまいます。

たとえば，工場で新製品のための生産ラインが完成して，新製品の生産を試したところ，非常に生産しにくい形状のため，生産ラインが頻繁に停止してしまったとしましょう。問題が深刻なら，設計をもう一度やり直さなければなりません。それに沿って，生産ラインも作り直さなければならないかもしれません。

このような問題を防ぐために，フロント・ローディングのマネジメントでは，開発のフェーズの段階で，生産部や他の部の人にも入ってもらい，問題をできるだけ早い段階で探し，解決していきます。前述の生産ラインの問題であれば，開発の段階で生産部の人が参加していたら，この問題を指摘することができるため，設計のやり直し，生産ラインの作り直しといった問題は防げる可能性が高くなります。

5 新製品開発の組織能力

これまで本章を読んできたあなたは，新製品開発は，プロジェクト・チーム組織を作り，重量級プロジェクト・マネジャーを置き，コンカレント・エンジニアリングやフロント・ローディングを進めていくのが一番よいと理解したかもしれません。

ここは注意が必要です。たとえば，コンカレント・エンジニアリングは，フェーズの途中で別のフェーズの仕事を始めるので，もし，前のフェーズで

変更があったら，後のフェーズもそれに沿って変更しなければなりません。そうすると，時間と費用が余計にかかることになります。

　コンカレント・エンジニアリングを成功させるためには，その部門間の緊密なコミュニケーションとお互いの部門の動きを予想し，それに適応できる高い組織能力が必要になります。

　もし，現在，このような組織能力がないのであれば，各フェーズを1つ1つ完結させながら新製品開発を進めたほうが余分な時間と費用を使わなくて済みます。組織能力は高めていくことができるので，十分な組織能力が構築されたところで，コンカレント・エンジニアリングに切り替えればよいのです。

　フロント・ローディングについても，自部門だけでなく他部門のことを分かっていなければ，真の問題を見つけることができません。前項では生産のしやすさのため，設計をやり直すことを論じましたが，これは斬新的なデザインを無難なデザインに変更してしまうことにつながってしまうかもしれません。生産部は開発部や営業部のことも理解する必要があります。

　製品のデザインについては，その時代時代の感性，価値，流行の影響を受け将来の予測が困難な場合もあるため，前倒しで問題解決を行うよりも後で行う時間と費用を許容して先送りにしたほうがよい場合もあります。

　半導体産業など環境変化が激しい産業も将来の予測が困難なため，フロント・ローディングを行ったとしても，製品が市場に出るときには状況が大きく変わってしまっている場合もあるため，フロント・ローディングが有効ではない場合があります。

　プロジェクト・チーム組織と重量級プロジェクト・マネジャーについても，プロジェクト・チーム組織を作るということは，従来の機能別組織の上に別の組織を作るわけですから，たとえ重量級マネジャーを置いたとしても，マネジメントはその分，複雑になります。また，重量級マネジャーとして新製品開発のすべてを任せられるような人材が組織にいるかどうかも重要なポイントです。

　また，プロジェクト・チーム組織と重量級プロジェクト・マネジャーは，すべての産業，製品にとって有効でないことも研究で分かっています。プロ

図表 8-3 ▶▶▶ プロジェクト・マネジャー，開発組織と市場ニーズの多義性，製品の複雑性

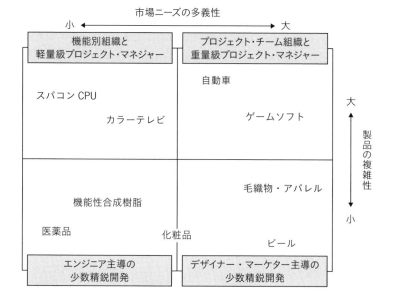

市場ニーズの多義性

小 ← → 大

| 機能別組織と
軽量級プロジェクト・マネジャー | プロジェクト・チーム組織と
重量級プロジェクト・マネジャー |

スパコン CPU

自動車

カラーテレビ

ゲームソフト

製品の複雑性 大 小

機能性合成樹脂

毛織物・アパレル

医薬品

化粧品

ビール

| エンジニア主導の
少数精鋭開発 | デザイナー・マーケター主導の
少数精鋭開発 |

出所：藤本・安本［2000］，317頁を一部修正。

ジェクト・チーム組織と重量級プロジェクト・マネジャーが適しているの
は，自動車やゲームソフトのように製品の複雑性が高く市場ニーズの多義性
が大きい製品の場合です（**図表 8-3**)。

　スポーツでも，競技によって適切な練習方法や作戦は異なります。たとえ
ば，丸いボールを1つ使う競技でもバスケットボールとバレーボールとでは
競技の性質が大きく異なります。さらに，バスケットボールであれば，試合
を進めていく上でさまざまな戦略があります。これを行えば必ず勝てるとい
う唯一絶対の戦略はありません。そして，上位の戦略になればなるほど，そ
れに合ったチームの能力が必要になります。初心者ばかりのチームがいきな
りプロのバスケットボールのチームの戦略を真似してもうまくいくことは難
しいでしょう。

　新製品開発についても同じことが言えます。これを行えば，絶対に成功す
るというマネジメントはありません。対象となる産業や製品はどのような特

性があるのか，現在の自社の組織能力はどうなのかをよく見極める必要があります。その上で現状に合った新製品開発のための組設計織とマネジメントを行いながら，将来のために組織能力を高めていくことが重要です。

Working 調べてみよう

任天堂の岩田聡元社長のことばをまとめた『岩田さん』など新製品開発に関わった人を取り扱った本は，自伝も含め数多くあります。自分の興味のある分野の本を読んで，実際の新製品開発がどのように進んだのか調べてみよう。

Discussion 議論しよう

1. 最近の新製品の中で最も革新的な新製品は何か，その理由も含めて議論しよう。
2. Working で調べた新製品開発について発表し，何がその新製品開発のポイントだったのかを議論しよう。

▶▶▶さらに学びたい人のために ─────────────

● 延岡健太郎［2002］『製品開発の知識』日本経済新聞出版社。
● ほぼ日刊イトイ新聞編［2019］『岩田さん─岩田聡はこんなことを話してきた』ほぼ日。

参考文献

● 近能善範・高井文子［2010］『コア・テキスト イノベーション・マネジメント』新世社。
● 延岡健太郎［2006］『MOT［技術経営］入門』日本経済新聞社。
● 一橋大学イノベーション研究センター編［2017］『イノベーション・マネジメント入門（第2版）』日本経済新聞社。
● 藤本隆宏・安本雅典［2000］『成功する製品開発』有斐閣。
● 藤本隆宏［2001］『生産マネジメント入門：（Ⅰ）生産システム編』日本経済新聞社。
● 藤本隆宏［2001］『生産マネジメント入門：（Ⅱ）生産技術管理編』日本経済新聞社。
● Clark, K. B., & Fujimoto, T.［1991］*Product development performance*. Boston: Harvard Business School Press.（田村明比古訳『(増補版) 製品開発力─自動車産業の「組織能力」と「競争力」の研究』ダイヤモンド社，2009 年）

第 9 章

イノベーションと製品アーキテクチャ

Learning Points

▶企業の経営に深い関連があるアーキテクチャの概念，類型について理解します。

▶製品アーキクチャの類型に沿って，企業経営をどのように進めていけばよいのか理解します。

▶製品アーキテクチャの変化は企業経営に影響を与えます。製品アーキテクチャは，どのようなときに変化するのか理解します。

Key Words

アーキテクチャ　モジュラー型　インテグラル型　インターフェース　デザイン・ルール　クローズド型　オープン型

1 / アーキテクチャ

1.1 設 計

　皆さんは，小さい頃に積み木で遊んだことはありませんか。積み木を組み立てて家を作ったことがありませんか。積み木の家も組み合わせ次第でさまざまな家を作ることができます（**図表 9 - 1**）。

　その一方で，たとえば，ある著名な寺院の模型を木で作ろうとしたら，その寺院の写真や資料を見ながら，木を切断したり削ったりするところから始めなければなりません。扉を作っても壁と合わなかったら，さらに削るなど調整しなければなりません。

図表 9−1 ▶▶▶積み木の家

　実際の住宅の建設でも，大手のハウスメーカーの住宅は，屋根，壁，扉な
どの高さ，幅，形などが通常，そのハウスメーカーの規格で決まっています。
カタログの中から部屋の大きさや形，ドアの形，壁の色などを選ぶことがで
きます。

　ハウスメーカーは，自社の工場でこれらのパーツを生産して，その後，現
場に運んで組み立てます。規格品のパーツを工場で量産できるためコスト削
減ができ，規格が決まっているので建設現場で各パーツ同士を調整する必要
もそれほどなく，比較的，短期間に家を完成させることができます。

　その一方で，ハウスメーカーの製品にはない自分ならではの家を作ろうと
して有名な建築家に設計を依頼し，その設計が住宅産業の標準的な規格と大
きく異なるような設計であれば，多くのパーツを１から作らなければなら
ず，建設現場でも擦り合わせが必要になるので，完成までに時間と費用がか
かります。しかし，このような家はハウスメーカーのカタログからは建てる
ことができない家です。

　同じ人が住む家といっても，設計の考え方の違いによって，前者と後者の
家では大きく性質が異なります。設計の考え方が違えば，それに関わる企業
の経営も異なります。経営学において，この設計の考え方に着目したのが**ア**

ーキテクチャの理論です。

　英語のアーキテクチャには，「建築」，「建築物」という意味以外に「設計」，「構造」という意味もあります。経営学の理論で用いられるアーキテクチャは後者の意味です。まず，アーキテクチャの定義からみてみましょう。

1.2 アーキテクチャの定義

　経営学において，アーキテクチャとは，住宅，自動車，パソコン，ソフトウェアなど人工物のシステムを理解するための概念で，定義としては「構成要素間の相互依存関係のパターンで記述されるシステムの性質」と定義されています（藤本・武石・青島［2001］）。

　より分かりやすくいえば，アーキテクチャは，あるシステムがどのような性質を持っているのか，または，そのシステムはどのような基本設計思想に基づいて作られているのかを分析する概念だと考えてください。

　人工物のシステムと書きましたが，人工物のシステムは製品だけでなく，工場の生産ライン（工程）や販売のシステムなどさまざまなものがあります。

　それぞれ製品アーキテクチャ，工程アーキテクチャ，販売アーキテクチャと呼ばれています。本章では，皆さんの理解のために，今後，製品に焦点を当てていきます。ただし，工程や販売にもアーキテクチャの理論があることを理解しておいてください。

2 アーキテクチャの分類

　アーキテクチャは，システムの性質，基本設計思想だと説明しました。それでは，アーキテクチャはどのように分析，分類されるのでしょうか。

　アーキテクチャの分析を行うためには，まず，その該当範囲を決める必要があります。その上で，その内部構造を分析します。

　前述したとおり，本章では製品に焦点を当てるので，製品内部の構成要素

間の関係はどのようになっているのか，構成要素の機能と構造との関係はどのようになっているのかを分析します。製品内部の構成要素とは，その製品を構成する各部品（パーツ）を考えてもらうとよいと思います。

　内部の構成要素の関係をみると，アーキテクチャは，大きく**モジュラー型**と**インテグラル型**に分類されます。モジュラーとインテグラルは英語の形容詞です。モジュラーは「基準寸法の」，インテグラルは「統合された」という意味を持っています。

　前項の積み木やハウスメーカーの家はモジュラー・アーキテクチャとして分類することができます。一方，寺院の模型や有名な建築家の設計による家はインテグラル・アーキテクチャとして分類することができます。どうして，このような分類になるのかみていきましょう。

2.1　モジュラー・アーキテクチャ

　モジュラー・アーキテクチャとは，製品（システム）の構成要素がいくつかの部品（サブシステム）に分類され，部品同士をつなぐ**インターフェース**が事前のルールによって決められているものを言います。インターフェースは英語で，「接点」，「接続部分」を意味します。構成要素の機能と構造との対応関係は，組み合わせをしやすいように1対1，もしくはそれに近い形で対応しています。

　モジュラー型アーキテクチャで機能と構造とが1対1で対応するような設計ルールは，デザイン・ルールと呼ばれています。**デザイン・ルール**は，「製品システムのなかで，各部品がどのような機能を担い，どのようなインターフェースを介してどのように相互作用し合うのかに関する設計ルール」と定義されています（Baldwin & Clark ［2000］）。

　モジュラー・アーキテクチャでは，部品と部品とをつなげるインターフェースのルールが事前に決まっているため，製品を開発，生産するときに部品同士の擦り合わせを行う必要はありません。また，ある機能を製品に追加したいと思ったら，デザイン・ルールに沿ってその機能を実現する部品を製品

に組み合わせれば，その機能を実現することができます。

2.2 インテグラル・アーキテクチャ

それに対し，インテグラル・アーキテクチャでは，製品の構成要素間の関係が複雑に絡み合っており，製品の構成要素の機能と構造との関係は多対多，つまり複雑に絡み合う関係になっているものを言います。

インテグラル・アーキテクチャでは，部品と部品をつなげるインターフェースのルールが決まっていないので，製品を開発，生産するときに部品同士を擦り合わせる必要があります。構成要素の機能と構造との関係も複雑に絡み合う関係になっているので，ある機能を実現するためにはいくつかの部品が必要になり，さらにそれらの部品を擦り合わせて機能を実現する必要があります。

2.3 クローズド・モジュラーとオープン・モジュラー

モジュラー・アーキテクチャは，そのアーキテクチャのインターフェースのルールやデザイン・ルールが，その企業内に限定されるか，それともその企業を超えてより広く適用されるかにより，**クローズド型**と**オープン型**に分類されます。

クローズドは，英語の文字どおり，その企業内で「閉じた」アーキテクチャです。オープンは逆にその企業を超えて「開かれた」アーキテクチャです。

前項のハウスメーカーの事例で言えば，もし，そのハウスメーカーの設計ルール，基準のほとんどがそのハウスメーカー内だけのものであれば，クローズド・モジュラー・アーキテクチャです。逆にそのハウスメーカーが業界標準となっている設計ルール，基準を数多く採用している，またはそのハウスメーカーの設計ルール，基準の多くが業界標準となっていれば，オープン・モジュラー・アーキテクチャということができます。

3 / 製品アーキテクチャの類型

3.1 製品アーキテクチャの類型

　ここまで，製品アーキテクチャをモジュラーとインテグラル，オープンと
クローズドの2軸で説明してきました。**図表9−2**は，これまで説明した
製品アーテクチャの類型を図にまとめたものです。

　アーテキクチャの分類をする際に，注意が必要なのは，インテグラル・ア
ーキテクチャといってもすべての部品を1から自分で作るインテグラル・ア
ーキテクチャもあれば，標準となっている部品を一部，使用するインテグラ
ル・アーキテチャもあるということです。

　モジュラー・アーキテクチャも同様です。オープン・モジュラー・アーキ
テクチャといっても，すべての業界標準で決まっている部品やルールを使用
するのではなく，部品の一部には，その企業独自の部品もある場合もあります。

　ポイントは割合と比較です。インテグラルとモジュラー，クローズドとオ

図表9−2 ▶▶▶製品アーキテクチャの類型

	インテグラル	モジュラー
クローズ		
オープン		

出所：藤本・武石・青島［2001］,6頁を一部修正。

ープンの軸で考えた場合，その製品アーキテクチャはそれぞれどの割合が多いのか，そして，他の製品と比較するとどうかと検討しながら位置を決めていきます。

3.2 製品アーキテクチャの分析単位

　製品アーキテクチャは，産業レベル，企業レベル，製品レベルのそれぞれの分析単位で分類することができます。

　産業レベルで製品アーキテクチャを分類する際は，通常，その産業の主流になっている製品アーキテクチャで分類します。たとえば，パソコンには，ゲーミングパソコンなど特殊な部品を組み込んだ100万円以上する特別なパソコンもあります。しかし，多くの人が仕事や学習のために使っているパソコンは業界標準の部品を組み合わせたパソコンです。そのため，産業レベルでは，パソコンはオープン・モジュラー・アーキテクチャの枠に入ります。

　企業レベルで製品アーキテクチャを分類する際は，通常，その企業の主流となっている製品アーキテクチャで分類します。前節の住宅の例で言えば，有名な建築家の設計による住宅を主流としている会社はインテグラルの枠に，ハウスメーカーでも業界標準の部品をあまり使わず自社独自の基準の部品を多く使っている会社はクローズド・モジュラーの枠に，そして，業界標準の部品を積極的に使っているハウスメーカーはオープン・モジュラーの枠に分類できます。

　製品レベルで製品アーキテクチャを分類する際は，通常，1つ1つの製品のアーキテクチャごとに分類します。たとえば，同じ企業の同じ製品でも，この高級製品は特別な部品を数多く使っているのでインテグラルの枠に，この普及製品はその企業の共通部品を数多く使っているのでクローズド・モジュラーの枠にといったように分類できます。

　経営学で，このように製品アーキテクチャの分析や分類を行うのは，製品アーキテクチャが企業の経営や産業構造に強く関わっているためです。製品アーキテクチャの特性を無視して経営を進めるよりも，その特性をよく理解

して，それを踏まえた上で経営を進めたほうが経営がうまくいく確率が高い
ことが分かっています。製品アーキテクチャと企業の経営との関係について
みていきましょう。

4 　製品アーキテクチャと企業経営

4.1 　モジュラー・アーキテクチャと企業経営

　モジュラー・アーキテクチャは，基本的に製品の構成要素（部品）が個別
に独立しており，それらを組み合わせる設計になっています。そのため，開
発や生産の段階で構成要素同士の擦り合わせを行う必要はありません。開
発，生産をスムーズに行うことができます。

　次に，製品内部のインターフェースのルールやデザイン・ルールが事前に
決まっているため，個々の部品の開発を製品全体の設計が終わってなくとも
先行して個別に進めることができます。先行して優れた部品を開発したとし
ても，デザイン・ルールが決まっているのでそのルールに沿って製品の中に
部品を組み入れればよいのです。

　開発のときに擦り合わせを行う必要もなく，さらに個別に開発を進めても
問題がないため，モジュラー・アーキテクチャのもとでの新製品開発は分業
型になります。そのため，第8章で説明した新製品開発の組織の中では，軽
量級マネジャーによる機能別組織が適しています。

　企業が新製品のために画期的な部品の開発に成功した場合，その企業の中
で他の製品も同じインターフェースのルールやデザイン・ルールを採用して
いれば，他の製品にもこの部品を使用することができます。部品の共通化が
できるので企業の経営としても効率的です。このようなアーキテクチャは前
節のクローズド・モジュラー・アーキテクチャです。

　さらにインターフェースのルールやデザイン・ルールがある企業の枠を超
えて，産業全体の業界標準になっている場合，つまり，オープン・モジュラ

ー・アーキテクチャの場合，このアーキテクチャを採用している企業はより多くの企業と取引をすることができます。

　たとえば，部品メーカーが組立メーカーと取引がある場合，クローズド型の場合は，その企業のみの取引となりますが，オープン型の場合は，業界標準に沿っている組立メーカーであれば，どの組立メーカーとも取引することができます。多くの組立メーカーと取引することができれば，その部品を大量生産することによりコストを下げることもできます。

　ここまで読んだ皆さんは，アーキテクチャの中では，オープン・モジュラー・アーキテクチャが一番良いと思うかもしれません。確かにオープン・モジュラー・アーキテクチャにはさまざまなメリットがあります。しかし，その反面にデメリットもあることも注意しなければなりません。

　まず，モジュラー・アーキテクチャは，インターフェースのルールやデザイン・ルールが事前に決まっています。そのため，製品の性能や機能の進化は，これらのルールの制約を受けます。たとえば，新製品開発で，顧客から新機能を追加してほしいと依頼があったのでその機能を取り入れたい，または，自社で開発した画期的な新技術を組み入れたいと考えても，インターフェースのルールやデザイン・ルールと合わないようであれば，新製品に組み入れることができません。

　次に，オープン・モジュラー・アーキテクチャの産業は，業界標準に従えば開発，生産を行うことができるため，参入障壁が低い産業です。そのため，先進国の企業だけでなく新興国の企業も次々とこの産業に参入してきます。その結果，開発競争，価格競争が激化していきます。

4.2　インテグラル・アーキテクチャと企業経営

　次にインテグラル・アーキテクチャのメリット，デメリットをみてみましょう。インテグラル型のメリット，デメリットについては，前述したモジュラー型のメリット，デメリットと裏表の関係です。

　インテグラル型のメリットとしては，製品の構成要素を擦り合わせながら

製品を開発していくため，製品の最適設計が可能です。顧客からの新機能追加の依頼や自社で開発した画期的な新技術の導入にも対応できます。そのため，第8章で説明した新製品開発の組織の中では，重量級マネジャーによるプロジェクト・チーム組織が適しています。

　また，インテグラル型の産業は，クローズドで擦り合わせが必要なアーキテクチャのため，参入障壁が高い産業です。オープン・モジュラー型の産業のように，業界標準に従えばどの企業でも参入できるといった産業ではありません。

　インテグラル型のデメリットとしては，まず，開発，生産に時間と費用がかかります。モジュラー型のように，全体の製品設計と切り離して個別に部品の開発を進めることも難しくなります。

　オープン・モジュラー型の製品のような大量生産もできないため，もし，同じ産業の中にオープン・モジュラー型の製品があったら注意が必要です。インテグラル型の製品がオープン・モジュラー型の製品と同じ性能，機能であれば，価格は，オープン・モジュラー型の製品のほうが安いので，顧客はオープン・モジュラー型の製品を選択するでしょう。

　このように企業の経営において，それぞれのアーキテクチャの特性を理解した上で経営戦略を考えることが重要です。産業レベルの製品アーキテクチャがインテグラル型なのかモジュラー型なのか，モジュラー型の場合，クローズド型なのかオープン型なのか，アーキテクチャのタイプによって企業がとる経営戦略は異なります。

　ただし，製品アーキテクチャは，変化しない場合もあれば，変化する場合もあります。製品アーキテクチャが変化した場合，企業の経営も変えなければなりません。それでは，製品アーキテクチャはどのようなときに変化するかみていきましょう。

5 / 製品アーキテクチャの変化

製品アーキテクチャの変化—モジュラー型へ—

　製品アーキテクチャは，複雑な製品になればなるほど，モジュラー型で始まることはまずありません。モジュラー型のアーキテクチャを設計したくとも，製品内部の機能や構造の理解がまだ進んでいないため，構成要素間のインターフェースのルールやデザイン・ルールを決めることができないためです。

　多くの製品のアーキテクチャは，ドミナント・デザインの出現までは，通常，インテグラル型です。ドミナント・デザインの出現後，時間が経過するにつれ，企業の中で製品の構造や機能についての理解と整理が進んでいきます。同時に，企業はコスト削減，効率化を図るために，部品の共通化などを進めることで，企業内でモジュラー化が進んでいきます（クローズド・モジュラー化）。

図表 9-3 ▶▶▶製品アーキテクチャの変化

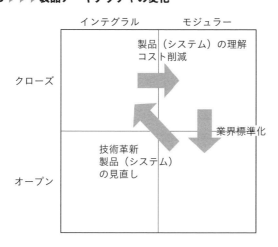

出所：藤本・武石・青島［2001］，6頁をもとに筆者作成。

さらに，時間が過ぎると，産業の中で，構成要素間のインターフェースのルールやデザイン・ルールが共有化，業界標準化されてきます（オープン・モジュラー化）。業界標準に沿って，部品や生産システムの開発，生産などに特化した企業が次々と産業に参入し，産業の専門化，分業化が進展していきます。

　このように，一般的な製品のアーキテクチャは，インテグラル型からクローズド・モジュラー型，そして，オープン・モジュラー型へと変化していきます（図表9－3）。

5.2 プラットフォーム・リーダー

　企業の中には，オープン・モジュラー化の中で進む業界標準を主導することにより，競争優位を獲得しようという企業もあります。このような企業は，プラットフォーム・リーダーと呼ばれています。英語のプラットフォームには，「（駅の）プラットフォーム」の他，「台」，「基盤」といった意味があります。

　プラットフォーム・リーダーの例として，多くの皆さんの使っているパソコンの中に入っているインテルを考えてみましょう。インテルはパソコンのCPU を作りつつ，技術公開や他社との連携などを通してパソコン産業の方向性，業界標準をリードしています。その結果，動画などでさらなるパソコンの処理速度の高速化が求められるといったインテルが目指す方向に進めば進むほど，インテルの CPU の売上が伸びる構造になっています。

　インテルは，プラットフォーム・リーダーの地位を確立することで，パソコン産業全体に高い影響力を持つと同時に高い利益率を確保しています。ただし，プラットフォーム・リーダーになるのは極めて困難です。自社で扱っている部品の開発，生産だけでなく，その部品が用いられる製品全体のアーキテクチャ，業界標準のルールなどを他の企業と調整しながら適切に経営していかなければなりません。

5.3 製品アーキテクチャの変化─インテグラル型へ─

　モジュラー型になった製品でも，その製品で大きな技術の変化があった場合，製品アーキテクチャは，モジュラー型からインテグラル型へ戻る場合があります。従来の技術のもとで進んだ製品内部の理解やルールの共有化が新技術では用いることができないために起こる現象です（**図表９−３**）。インテグラル型に戻ったアーキテクチャは，また，製品内部の理解と整理が進めば，再びモジュラー型へと変化していきます。たとえば，TV のブラウン管から液晶への変化を考えてもらうとよいと思います。

　また，製品アーキテクチャは，時間が経過してもインテグラル型のままでいる場合もあります。概して，制約条件が厳しく，しかも多方面に及ぶとき，アーキテクチャはインテグラル・アーキテクチャの場合が多くなります。

　たとえば，自動車は，安全，環境などの規制が非常に厳しく，顧客の要件水準も高い製品です。自動車メーカーの設計ミスで，運転中に自動車が突然，暴走したら事故につながります。環境に対してもよりクリーンで燃費のよい車が求められています。このような安全，環境などに対する要求は，近年，ますます高くなっています。

　制約条件が厳しいだけでなく，自動車の機能と構造も複雑に絡み合っています。たとえば，自動車の燃費は，エンジンの性能だけでなく，タイヤ，ボディの重さ・形状，サスペンションなどさまざまな要素の影響を受けます。

　そのため，現在の段階でも，自動車は，インテグラル・アーキテクチャで製品全体のパフォーマンスを高め，安全，環境の条件を満たすことに努めています。

　インテグラル・アーキテクチャは，ニッチの分野に対応するために用いられる場合もあります。顧客の要求の多くは，あるモジュラー・アーキテクチャで対応できても，中にはこのアーキテクチャでは対応ができない場合もあります。本章の最初に述べたハウスメーカーの住宅の例を思い出してください。多くの人はハウスメーカーの住宅で満足しています。しかし，中には時間と費用はかかってもハウスメーカーの住宅とは異なる家を建てたいと考え

る人もいます。このような場合，モジュラー・アーキテクチャでは対応でき
ないので，インテグラル・アーキテクチャで対応することになります。

5.4 製品アーキテクチャと経営戦略

　これまで，本章では製品アーキテクチャと企業経営との関係について説明
を行ってきました。製品アーキテクチャは，企業の経営を考える上で重要な
概念です。

　自社の所属する産業の主流の製品アーキテクチャはどのようなアーキテク
チャなのか。自社，他社の製品アーキテクチャはどのようなタイプなのか。
まず，製品アーキテクチャの分析から入り，次に製品アーキテクチャの特性，
変化を念頭に入れて，今後の経営戦略を考えていくとよいと思います。

Working　　　　　　　　　　　　　　　調べてみよう

1. 自分の興味のある製品がどのような基本構造になっているのか，そして，そ
   の製品の産業構造はどのようになっているのか調べてみよう。
2. あなたが調べた製品のアーキテクチャと産業構造が5年後，10年後にどのよ
   うに変化すると考えられるかその理由とともにまとめてみよう。
3. 現在，パソコン，携帯電話，インターネットは当たり前のように使われてい
   ます。『クロード・シャノン―情報時代を発明した男』（邦訳）を読んで，今
   日の情報時代，デジタル社会に大きく貢献した情報理論がどのようなものか，
   そしてどのようにして誕生したのかまとめてみよう。

Discussion　　　　　　　　　　　　　　議論しよう

Working で調べた製品の基本構造，産業構造について発表し，この産業に新規参入
する場合，どのような経営戦略を取るのがよいのか議論しよう。

▶▶▶さらに学びたい人のために ────────

● 藤本隆宏［2004］『日本のもの造り哲学』日本経済新聞社。

● Soni,J. & Goodman,R. ［2017］ *A Mind at Play: How Claude Shannon Invented the Information Age*,NY: Simon & Schuster.（小坂恵理訳『クロード・シャノン──情報時代を発明した男』筑摩書房，2019 年）

|参|考|文|献|

● 近能善範・高井文子［2010］『コア・テキスト イノベーション・マネジメント』新世社。

● 延岡健太郎［2006］『MOT［技術経営］入門』日本経済新聞社。

● 一橋大学イノベーション研究センター編［2017］『イノベーション・マネジメント入門（第 2 版）』日本経済新聞社。

● 藤本隆宏・武石彰・青島矢一編［2001］『ビジネス・アーキテクチャ──製品・組織・プロセスの戦略的設計』有斐閣。

● Baldwin, C. Y., & Clark, K. B.［2000］*Design rules: The power of modularity*. Cambridge, MA: MIT Press.（安藤晴彦訳『デザイン・ルール──モジュール化パワー』東洋経済新聞社，2004 年）

● Gawer, A., & Cusumano, M. A.［2002］*Platform leadership: How Intel, Microsoft, and Cisco drive industry innovation*. Boston: Harvard Business School Press.（小林敏男監訳『プラットフォームリーダーシップ──イノベーションを導く新しい経営戦略』有斐閣, 2005 年）

第10章 オープン・イノベーション

Learning Points

▶近年，企業のイノベーションの手段として注目されているオープン・イノベーションについて理解します。

▶組織にオープン・イノベーションのマインドを組織に浸透させ，マネジメントするためにどうすべきかを理解します。

▶オープン・イノベーションの1つとして位置付けられるユーザー・イノベーションについて理解します。

Key Words

オープン・イノベーション　クローズド・イノベーション　NIH 症候群　イノベーションの民主化　ユーザー・イノベーション

1 オープン・イノベーションとは

1.1 イノベーションのパラダイムシフト

　本節では，イノベーションのパラダイムシフトを指摘したヘンリー・チェスブロウの主張に焦点を当てます。チェスブロウは，カリフォルニア大学バークレー校の教授（2021 年現在）です。彼は，**オープン・イノベーション**という新たなパラダイムを提唱しました。それでは，チェスブロウがどのような主張をしたのか，詳しくみてみましょう。

　企業が単独でイノベーションに取り組むことを**クローズド・イノベーション**と呼びます。この考え方の根底には，「成功するイノベーションはコントロールが必要である」（Chesbrough [2003]）という信念があります。これは，「イノベーションのすべては自社で手掛けなければならない。なぜなら，他

人の力や技術は信用できないのだから」という内向きの発想に基づいたイノベーションの論理です。

　そのため，イノベーションの取り組みはすべて自社で行うべきであるといういわゆる自前主義で進めようとするのです。このようなイノベーションの自前主義を貫き，第三者の知識や開発した製品を認めない考え方のことを，**NIH 症候群**（Not Invented Here syndrome）と呼ばれるようになりました。NIH 症候群は，もともと Katz and Allen［1982］が指摘したキーワードです。Katz and Allen［1982］では，エンジニアが長期間在籍すると研究開発の成果が落ちることを総称して NIH 症候群と名付けました。それが，自前主義を貫くこと全般を NIH 症候群と呼ぶようになったという背景があるのです。

　そして，チェスブロウは，Chesbrough［2003］のなかで，このクローズド・イノベーションのパラダイムはすでに崩壊したと主張しています。その根拠として，製品が市場に出るまでのスピードが速くなったこと，新製品が消費者に支持される寿命が短くなっていること，学習した顧客やサプライヤーを相手に利益を上げるのが難しくなっていること，国際的競争が激しくなっていることなどのビジネスを取り巻く市場環境の大きな変化を挙げています。

　チェスブロウは，このクローズド・イノベーションに代わって現れた新たなパラダイムがオープン・イノベーションであると提唱し，オープン・イノベーションの現代的意義を強調したのです。チェスブロウは，オープン・イノベーションを「企業内部と外部のアイデアを有機的に結合させ，価値を創造すること」と定義しました。オープン・イノベーションによって企業が享受できるメリットをまとめたものが，以下になります。

- グローバル規模での情報の非対称性と R&D（研究開発）のミスマッチングが解消できる。
- 開発期間を短縮させ，それに係る費用も低減することができる。
- 市場の多様化やニーズの多様性に応えるための分野横断的な視点を持つことができる。
- 単独で行う開発リスクを低減することができる。
- 開発したアイデアや特許などを多重利用することができる。

- 一度社外に出た技術が昇華されて社内に戻ってくる効果（ブーメラン効果）が期待できる。

さらに，クローズド・イノベーションとオープン・イノベーションの特徴を比較したものが**図表 10 − 1**になります（チェスブロウ［2004］，10 頁）。

これらの記述を確認すると，確かに，オープン・イノベーションへのパラダイムシフトは，企業にとって，とても魅力的なイノベーションであるように思われます。しかし，現実問題として，オープン・イノベーションを実際に推進しようとすると，一筋縄ではありません。確かに，オープン・イノベーションの取り組みがうまくいけば，チェスブロウが強調しているような大きな利益を享受できるかもしれません。しかし，そこにたどり着くまでには，さまざまな留意すべき点があるのです。この点については，次節で確認したいと思います。

図表 10 − 1 ▶ ▶ ▶ クローズド・イノベーションとオープン・イノベーションの比較

クローズド・イノベーション	オープン・イノベーション
最も優秀な人材を雇うべきである。	社内に優秀な人材は必ずしも必要ない。社内に限らず社外の優秀な人材と共同して働けばよい。
研究開発から利益を得るためには，発見，開発，商品化まで独力で行わなければならない。	外部の研究開発によっても大きな価値が創造できる。社内の研究開発はその価値の一部を確保するために必要である。
独力で発明すれば，一番にマーケットに出すことができる。	利益を得るためには，必ずしも基礎から研究開発を行う必要はない。
イノベーションを初めにマーケットに出した企業が成功する。	優れたビジネスモデルを構築するほうが，製品をマーケットに最初に出すよりも重要である。
業界でベストのアイデアを創造したものが勝つ。	社内と社外のアイデアを最も有効に活用できた者が勝つ。
知的財産権をコントロールし他社を排除すべきである。	他社に知的財産権を使用させることにより利益を得たり，他者の知的財産権を購入することにより自社のビジネスモデルを発展させることも考えるべきである。

出所：チェスブロウ［2004］。

1.2 オープン・イノベーションのタイプ

　オープン・イノベーションのタイプは，大きく3つに分けられています（図表10－2）。1つ目は，外部の知識や技術を組織内に取り込む「**アウトサイド・イン**」のタイプです。このタイプを技術探索型，あるいは，インバウンド型と呼ぶこともあります。具体的には，特許などのすでに世の中にある**知的財産権**を買ってくることや，ライセンス料を支払って技術を使わせてもらうことなどが含まれます。

　また，企業がアイデアや技術を公募して，その権利を買い取ったり，ロイヤリティを支払う契約をして事業化することもあります。このような方法は，GEやP&Gといった外資系の大企業やバイオ・製薬企業がしばしばとるオープン・イノベーションの戦略です。ただし，アイデアや技術を公募すると，ライバル企業にどのような開発をしているのか察知されてしまう危険性（戦略漏洩のリスク）もあります。そのため，その情報が同業他社に気づかれないよう，オープン・イノベーションを仲介する企業（たとえば，ナインシグマ・アジアパシフィックやイノセンティブ）を介して，匿名で公募することもあります。

図表 10-2 ▶ ▶ ▶ オープン・イノベーションの3つのタイプ

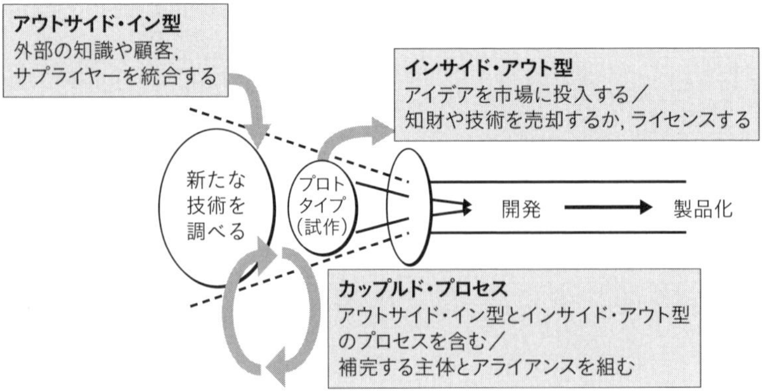

出所：Gassmann and Enkel［2004］.

2つ目は，組織内の知識や技術を外部に提供する「**インサイド・アウト**」のタイプです。このタイプを技術提供型，あるいは，アウトバウンド型と呼ぶこともあります。開発した技術や特許などを売却することや一定の条件で利用を許諾することなどが含まれます。実は，特許を保有しようとした場合，特許の出願時のみならず，特許の権利を維持するために金銭的な支払いが継続的に求められます。企業は，この費用を捻出するために休眠特許を有償で利用してもらうという取り組みを行っている事例もあります。富士通グループは，この取り組みを積極的に進めて成果に結びつけています。

　3つ目は，コラボレーションを通して知識の流入と流出が同時に起こるという「**カップルド・プロセス**」です。具体的には，アライアンスやジョイントベンチャー，コンソーシアムなどで参画者間の相互関係において，さまざまな知や技術がやりとりされることが含まれます。Enkel *et al.*［2009］とGassmann and Enkel［2004］では，カップルド・プロセスにおいて，新たな知を共同して創り出すために関係者間の関係性やネットワークの構築が大事であること，そして，組織間の学習が成否の鍵となることを指摘しています。

1.3　オープン・イノベーションの実践

　当初のオープン・イノベーションの議論において，アウトサイド・イン型とインサイド・アウト型は，情報や知，技術の売買を指すことが多かったようです。すなわち，"Buy"（あるいは "Sell"）の議論です。それに対して，カップルド・プロセス型は，作り出す，すなわち，"Make" の議論が展開されていました。

　その後，アウトサイド・イン型において "Make" の手段が，特に，外資系大企業において確認されるようになっていきます。その1つに，企業が主体となって，インキュベーション施設を作り，ポテンシャルの高いベンチャー企業を選定して入居させるタイプのものがあります。入居しているベンチャー企業の成長プロセスを確認し，将来的にコラボレーションする可能性があるかどうかを探るのです。

場所（施設）づくりに関しては，資金的余裕のある大企業に多いのですが，オープン・イノベーションの拠点を設けることもあります。このような拠点を，オープン・イノベーション COP（**community of practice**：実践の場）と呼んでいる企業もあります。ただし，単に場を作ることでオープン・イノベーションの取り組みが活発になるかというと，必ずしもそうではありません。この場を機能させるための仕掛けや仕組みづくりがあるのかどうかが，成否を分けるのです。

　その他にも，企業が**コーポレート・ベンチャー・キャピタル**（Corporate Venture Capital：CVC）を発足させて，ベンチャー企業に投資することで，中長期的な技術開発を支援することも行うようになっています。将来的に，このような企業とコラボレーションすることもオープン・イノベーションの一手段として考えられています。あるいは，支援するベンチャー企業の出口戦略として，売却や **IPO**（Initial Public Offering：新規公開株）をするなどして，その売却益を次の CVC の原資にするという選択肢もあります。

　複数の外資系大企業の取締役に，自社で技術を開発するよりも，このように次世代技術の開発を支援する "Make" のオープン・イノベーションを行う理由を確認すると「上場している企業は短期的な成果を求められます。だから，自社での技術開発の失敗は認められない傾向があるのです。そのため，このような外部の潜在的な技術に投資した方が成功率は高いのです」（筆者のヒアリング調査から）と答えていました。

　一方で，"Make" のオープン・イノベーションにおいて，参加者において，共同で創り出すカップルド・プロセスに近いタイプのアウトサイド・インも確認されています。ユニクロの HEATTECH®（ヒートテック）や AIRism®（エアリズム）の商品は，ユニクロが顕在的・潜在的消費者ニーズを捉えて，繊維技術を持つ東レがそのニーズに適した製品を開発し，ユニクロに供給しているのです。

　東レとユニクロは，2006 年 3 月に「長期的供給にかかる戦略的パートナーシップ構築」という基本合意書を締結しています（これに続いて，2010 年 7 月には戦略的パートナーシップの第Ⅱ期 5 カ年計画を締結，そして，

2015年11月には戦略的パートナーシップの第Ⅲ期5カ年計画を締結していま
す。2019年には戦略的パートナーシップの一環として，ウルトラライト
ダウンのリサイクルに関するプロジェクトの取り組みが始まりました。東レ
がダウンを回収する専用機械を開発することで，2020年に新商品「リサイ
クルダウンジャケット」が発売されることとなったのです）。このように，
両社は協調して画期的な製品を創り出し，供給する体制を作り上げたのです。

2 オープン・イノベーションの留意点

2.1 オープン・イノベーションが内包する課題

　先にも指摘したように，オープン・イノベーションから大きな利益を享受
するまでには，いくつかの課題が発生します。ユニクロと東レの戦略的パー
トナーシップのように，連携相手が特定できればよいのですが，多くの場合，
的確な技術や適切な連携相手を探し出すのに時間や手間がかかるのが現実的
課題となってきます。これが第1の課題です。すなわち，技術や連携の相手
を探し出す探索コストの増加です。

　また，的確な技術や適切な相手を探し出すことに成功しても，その相手と
のやりとりに時間と手間がかかることも少なくありません。これが第2の課
題となる調整コストの増加です。

　さらに，新しく探し出した技術を保有する連携相手候補との関係性や信頼
を1から構築する必要が出てきます。これが第3の課題となる与信の問題で
す。連携相手がフリーライダー化（タダ乗り）する可能性もあるのです。与
信の問題が解決して相互に信頼関係を構築することができたとしても，実際
に連携を進めようとすると，お互いの考え方や進め方の違いが問題になるこ
とも少なくありません。

　その上，実際に連携を進めるプロセスにおいては，情報・知・技術に付帯
する暗黙的知識が流出してしまうおそれもあるのです。これが第4の課題で

す。このような情報や知，技術に付帯する暗黙的知識は，情報の粘着性（von Hippel［1994］）と呼ばれています。

第5の課題として，オープン・イノベーションの取り組みにおいて，しばしば貢献度を測定することが難しいことが挙げられます。その結果，成果や利益配分をめぐって関係性がこじれることも少なくありません。

以上のように，実際にオープン・イノベーションを進めてそこから利益を得るまでには，これらの課題を解決する方法を考えて進めなければならないのです。

2.2 組織内部に対する留意点

チェスブロウが指摘したように，これまでイノベーションと言えば，組織内で取り組むクローズド・イノベーションが圧倒的に多かったのですから，いきなり経営トップが「これからはオープン・イノベーションだ」と指示した時には，組織内の混乱や抵抗が起こってもおかしくありません。そのため，オープン・イノベーションを組織的に進めるには，組織内部の整備が必要になります。

オープン・イノベーションに成功している事例に共通することの1つは，経営トップが強い意志を表明し，深くコミットすることが挙げられます。具体的には，オープン・イノベーションを推進するチームや部署を社長直轄に据え，その担当者らに権限委譲（エンパワーメント）するのです。いわゆる，オープン・イノベーション推進者に対して経営トップの「お墨付き」を与えるのです。

この「お墨付き」を得た担当者らは，自らがオープン・イノベーションの推進者となるとともに，組織内で果たすべき役割が大きく2つあります。1つは，小さくてもよいので，オープン・イノベーションを始めてからできるだけ早いタイミングで成功事例を作ることです。

この成功体験が呼び水となって，オープン・イノベーションの取り組みに対する組織的理解が深まり，取り組みにドライブがかかるきっかけとなるか

らです（経営トップがオープン・イノベーションの取り組みで一定の成果を収めた対象者を表彰したり，特典を与えることも有効な手段です）。このようにして，組織構成員（従業員）のマインドセット，あるいは，組織的文化づくりを行っていくのです。

もう1つの役割は，特に大企業において重要になってくることなのですが，組織内部の情報や知，技術，人に対して詳しい知識を持ち，調整する力を発揮することです。なぜなら，組織外部からオープン・イノベーションの要望が寄せられても，組織内部の適切な人材とのマッチングができなければ高い効果を生み出すことができないからです。このような担当者は「アライアンス・マネジャー」と呼ばれることもあります。

また，オープン・イノベーションにかかわらず，イノベーションの取り組みには失敗がつきものです。そのため，経営トップは失敗に寛容な態度を示さなければなりません。なぜなら，せっかく新たな取り組みにチャレンジしても，失敗を責められたら二度と新たな取り組みを始めようとはしなくなるからです。

そのため，オープン・イノベーションの推進者に対しては，減点主義ではなく加点主義で評価することが重要であると言われています。ただし，「なぜ失敗したのか」「同じ失敗は二度と繰り返さない」「この失敗を次にどう活かすのか」という原因の追及と方向性の整理が必要となることは言うまでもないでしょう。

この従業員の失敗を積極的に表彰している企業があります。それは，大阪府堺市北区にある太陽パーツです。同社では，挑戦して失敗した従業員を表彰する「大失敗賞」を設けています。これには大きく3つの効果が期待されます。それは，①表彰された本人は失敗を公にされるわけですから，当該者はリベンジしようというインセンティブにつながること，②失敗経験を組織で共有するわけですから，従業員がその失敗に学び，同じ失敗を二度と繰り返さないようになること，③失敗しても叱責されないわけですから，従業員が失敗を恐れずチャレンジしようとするインセンティブが働くこと，です。

さらに，オープン・イノベーションを推進する際には，組織内の技術者に

対するケアも重要になってきます。なぜなら，技術者に「組織内部の技術を
ないがしろにして，外部の情報や知，技術に頼る方針に転換された」と解釈
されて，技術者が自己否定された，あるいは，組織における存在意義を否定
されたという印象を与えることが少なくないからです。

　このようなときには，「オープン・イノベーションは，組織内のコア技術
を否定しているのではなく，コア技術の周辺部分で足りないところをオープ
ン・イノベーションで解決する」というメッセージを技術者にきちんと伝え
て，その重要性を理解してもらう必要があります。そのためにも，オープン・
イノベーションを推進する前には，**「技術の棚卸し」**が不可欠となるのです。
すなわち，オープン・イノベーションは，組織にとって特異（他と際立って
差別化されている部分）であるコア技術を特定して，それ以外の周辺部分で
特異ではない技術を外部から調達することだからです。

　このことからも自明であるとおり，オープン・イノベーションは何もかも
組織の技術を外部に対してオープンにすることではないのです。オープン・
イノベーションとは，コア技術を中核にして，この部分は自前主義を貫き，
このコア技術を最大限に活かすために，組織の外部とイノベーションに取り
組むことなのです。

　したがって，オープン・イノベーションを始めるにあたって，何をオープ
ンにして何をクローズにしておくかの整理が極めて重要なプロセスとなるの
です。このことからも，オープン・イノベーションは，取り組みそのものが
目的なのではなく，組織の競争力を最大限に高めるための手段であるという
ことを忘れてはいけないのです。逆に，オープン・イノベーションによって，
組織の競争力を高めることができないのであれば，そもそも取り組む必要が
ないと言えるのです。

2.3　連携相手に関する留意点

　オープン・イノベーションの議論において，誰と組むのかは慎重に検討す
べき課題となります。なぜなら，連携相手との関係性がイノベーションの取

り組みの成果を左右するからです。東レとユニクロのように関係性や役割分担がうまくいけば，ヒット商品が生まれ，それが長年にわたるパートナーシップにつながることが期待されます。しかし，そうでない場合には，先に指摘したように調整コストが高止まりすることやフリーライダーに奔走されること，利益配分をめぐって裁判にまで発展することも考えられます。

それゆえ，世界中のどこにいるか事前には明らかではない連携相手をどのようにして探し出すかは重要な検討課題となります。そのための探索コストを要するのです。一般的には，全く知らない第三者よりも，伝手（つて）やステークホルダーをたどって連携相手を紹介してもらうということは有効だと言われています。その際，さまざまなネットワークのハブ（中核）となる組織や人物との関係を構築しておくことがポイントとなります。技術的な困りごとやオープン・イノベーションのテーマの相談に行くと，的確な組織や関係者を紹介してくれるためです。オープン・イノベーションのアライアンス・マネジャーは，組織内の情報に対する知識も必要ですが，組織外の情報ネットワークも持っておく必要があるのです。

また，オープン・イノベーションのマッチングを行い，イノベーションの仲介役となる企業を活用するのも（マッチング価格は決して安くはありませんが）有効な手段です。日本では，ナインシグマ・アジアパシフィックがその1つです。また，アメリカやイギリスに拠点を置いて事業展開している企業としては，イノセンティブがよく知られています。

連携相手を特定することができたら，次は，ともにイノベーションに取り組むことの意図や目的を明確にして，条件を決めておくことが求められます。初めてオープン・イノベーションの取り組みを行う連携相手である場合，最初から大きな研究開発テーマを設定するのではなく，1年程度の期間を設け小規模での実験的位置付けでプロジェクトを行うことが効果的であるという研究結果もあります（水野［2015］）。

決めるべき条件としては，テーマを限定して設定することのみならず，いつまでに成し遂げるのか，プロジェクトのゴール（到達目標）はどこか，そこに至るまでの役割分担と連携体制，特許などの権利関係の整理，成果配分

などを決定しておく必要があります。

　以上から，オープン・イノベーションをうまくハンドリングして，成果に結びつけるためには，乗り越えるべきハードルがいくつもあることが確認できたかと思います。オープン・イノベーションの議論では，総花的な見解が散見されることも少なくないのですが，実際にオープン・イノベーションをマネジメントすることは，一筋縄ではいかないのです。

3 ／ ユーザー・イノベーション

3.1 イノベーションの民主化

　von Hippel［1976］では，産業材においてユーザーが製品イノベーションを行うことがあると指摘した上で，von Hippel［2005］で消費財においてもユーザーが製品イノベーションを行っている現象に着目して「**イノベーションの民主化**」を提唱しました。

　これまで製品やサービスを創り出す主体がメーカーであるとの前提でイノベーションが議論されてきたものの，実は，ユーザーがイノベーションを興す能力が向上したこと，そして，ユーザーがイノベーションを興しやすい環境が整備されてきたという主張です。すなわち，フォン・ヒッペルは，ユーザーがイノベーションの担い手となるという新たな枠組みを提示したのです。

3.2 鍵はリードユーザー

　このようなユーザーは，通常，**リードユーザー**であることが少なくありません。小川［2013］では，リードユーザーの特徴として，①当該市場の多数のユーザーが抱くことになる新しいニーズに先行して直面していること，②その新しいニーズを満たすイノベーションを実現することで大きな便益の獲得を期待できること，を挙げています。

このようなリードユーザーは，初めに自分自身で利用するために新たな製品イノベーションを行います。しかし，ユーザーらは自分自身で製造手段を持っていないために，企業に開発した製品を売り込んだり，逆に企業が注目したりすることによって製品化されることが増えています。このようなユーザーを巻き込む製品開発手法はリードユーザー法と言われています。

　このことからもわかるように，企業はユーザー，特にリードユーザーを巻き込んでイノベーションに取り組むようになってきています。そのため，**ユーザー・イノベーション**は，オープン・イノベーションの1つであると位置付けることができるのです。

3.3 リードユーザーを巻き込んだオープン・イノベーションの事例

3.3.1 マスキングテープ

　リードユーザーによって提案された商品アイデアが企業に採用され，オープン・イノベーションが実現した事例として，マスキングテープが挙げられます。マスキングテープは，もともと建設現場で塗装を行うときに，まっすぐで直線なラインを引くときや色を塗らない部分を保護するために使われていた粘着テープでした。

　個人の趣味としてマスキングテープをアレンジして利用していた3人の女性は，マスキングテープの使い方に関する自主制作本を作っていました。自分たちの使いやすい素材で製品化しているマスキングテープの企業に目をつけ，工場見学も実施しました。こうして，このマスキングテープにさまざまなコーティングをして雑貨用に売り出す意思決定を行ったのが岡山県倉敷市にあるカモ井加工紙でした。この詳細については，小川［2013］の第2章を参考にしてください。

3.3.2 レゴブロック

　リードユーザーのアイデアを最初から積極的に取り入れてオープン・イノ

ベーションを実現している事例として，ブロックを製造しているレゴ・グループが挙げられます。同社は，レゴの熱心なユーザーを「アンバサダー」として認定するプログラムを用意しています。このプログラムは，熱心なユーザーとの関係づくりを目指し，ユーザーの動向を分析するために 2003 年に導入されました。すなわち，このプログラムは，レゴのファンからの意見に積極的に耳を傾けて商品化に結びつける 1 つの手段となっているのです。

　同社のアンバサダーに認定されたファンには，さまざまな特典が用意されています。それらの特典が熱心なユーザーにとって誇りとなるのみならず，他のファンからの尊敬のまなざしがアンバサダーのさらなる制作意欲を高めているのです。

3.3.3　良品計画のトライアル

　「無印良品」のブランドで企画開発・製造から販売まで手掛ける良品計画は，研究者らと共同で興味深いトライアルを実行しました（Nishikawa *et al.*［2013］，Nishikawa *et al.*［2017］）。それは，同社の従来型の製品開発の手法を用いて開発した商品（designer-generated products）と，クラウドソーシングを使って商品案を提示して成立した案件を開発した商品（user-generated products）とを比較したのです。すなわち，自社で商品化したものと，消費者を巻き込んだオープン・イノベーション型の商品開発とでは，どちらに優位性があるのかを実験したのです。

　その結果，明らかとなったのは，商品を販売した初年度では，商品売上が後者のほうが 3 倍も高く，そこから得られた利益も従来型の商品開発のものよりも高いということでした。また，発売 3 年後においても，この優位な結果は変わらなかったのです。すなわち，ユーザーを巻き込んで開発された商品は戦略的なインパクトが大きかったのです。

　良品計画のこのトライアルは，インターネットを介した不特定多数の潜在的・顕在的ユーザーが企業のイノベーションに関与することが企業の利益に結びつく可能性を示したのです。

Working 調べてみよう

1. オープン・イノベーションの成功例を調べ，成功要因を整理してみよう。
2. ユーザー・イノベーションの事例を挙げ，ユーザー・イノベーションが成功した理由を解き明かしてみよう。

Discussion 議論しよう

オープン・イノベーションをする主体の対象となり得る大学が果たすことのできる役割について議論しよう。

▶▶▶さらに学びたい人のために

- 小川進［2013］『ユーザー・イノベーション—消費者から始まるものづくりの未来』東洋経済新報社。
- 星野達也［2015］『イノベーションの教科書—社外の技術でビジネスをつくる実践ステップ』ダイヤモンド社。
- 米倉誠一郎・清水洋［2015］『オープン・イノベーションのマネジメント—高い経営成果を生む仕組みづくり』有斐閣。
- Chesbrough, H. [2003] *OPEN INNOVATION*, Cambridge: MA, Harvard Business School Press.（大前恵一朗訳『OPEN INNOVATION—ハーバード流イノベーション戦略のすべて』産業能率大学出版部，2004 年）
- von Hippel, E. [2005] Democratizing Innovation, Boston: MA, MIT Press.（サイコム・インターナショナル監訳『民主化するイノベーションの時代』ファーストプレス，2006 年）。

参 考 文 献

- 水野由香里［2015］『小規模組織の特性を活かすイノベーションのマネジメント』碩学舎。
- Chesbrough, H. [2003] *OPEN INNOVATION*, Cambridge: MA Harvard Business School Press.（大前恵一朗訳『OPEN INNOVATION ハーバード流イノベーション戦略のすべて』産業能率大学出版部，2004 年）
- Enkel, E., Gassman, O., and Chesbrough H. W. [2009] Open R&D and open Innovation: Exploring the phenomenon, *R&D Management*, 39(4), 311-316.
- Gassmann,O., and Enkel, E. [2004] Towards a theory of open innovation: Three core

process Archetypes, *R&D Management Conference* (Research and Development Management Association) Proceeding.

● Katz, R. and Allen, T. J. [1982] Investigating the Not Invented Here (NIH) syndrome: A look at the performance, tenure, and communication patterns of 50 R & D Project Groups, *R&D Management*, 12(1) , 7-20.

● Nishikawa, H., Schreier, M. and Ogawa, S. [2013] User-generated versus designer-generated products: A performance assessment at Muji, *International Journal of Research in Marketing*, 30, 160-167.

● Nishikawa, H., Schreier, M., Fuchs, C., and Ogawa, S. [2017] The Value of marketing crowdsourced new products as such: Evidence from two randomized field experiments, *Journal of Marketing Research*, LIV, 525-539.

● von Hippel, E. [1976] The Dominant role of the user in the scientific instruments innovation process, *Research Policy*, 5(3) , 212-239.

● von Hippel, E. [1994] "Sticky Information" and the locus of problem solving: Implications for innovation, *Management Science*, 40(4) , 429-548.

第**11**章 | サービス・イノベーション

第 章

▶ サービス価値の向上が求められるようになった背景を理解します。
▶ サービスの特性を理解した上で，生産性を高める要点を理解します。
▶ サービス価値を高める可能性を持つフレームワークを理解してイノベーションの仕組みを理解します。
▶ サービスの生産性を高めた成功事例から成功の論理を理解します。

生産性　効率化　省力化　機会損失　顧客満足度　従業員満足度

1 サービス・イノベーションが求められる背景

1.1 ペティ＝クラークの法則

　産業は，一般的に農業や水産業，林業，畜産業など，自然から資源を得る第1次産業と，資源や素材に加工を加える加工業，あるいは，製造業を中心とした第2次産業，そして，水道や電気，ガスといった社会インフラ，金融や情報通信，小売や流通などから成る第3次産業，いわゆる，サービス・セクターから構成されています。

　この産業構造は，国の発展とともにその構成比が変化すると言われています。国の経済が発展すると，第1次産業から第2次産業，そして，第3次産業，いわゆる，サービス・セクターの割合が増えていくという関係性です。この関係性は，**ペティ＝クラークの法則**と呼ばれています。

　一般的に国の経済が発展すると，国民の所得が上がるわけですから，特に

金融や情報通信，小売に費やす１世帯当たりの費用が向上すると考えられます。たとえば，家庭の所得が上がると金銭的な余裕ができるわけですから，それまで自分自身で行っていた家事や育児を専門の事業主に頼むこともできるようになるわけです。

　すなわち，１人当たりの GDP（国民総生産）が向上すると，サービスへの支出が増え，結果的に GDP に占めるサービス・セクターの割合が増えることになるのです。この点に着目した上林［2007］は，OECD のデータベースを使って各国のデータをプロットした図を示しています（**図表 11 − 1**）。**図表 11 − 1** を確認すると，１人当たり GDP が増えるとどのような軌道を描くのか，大まかな傾向を確認することができます。

　ただし，この図を注意深くみると，日本のサービス・セクターのかつての

図表 11 − 1 ▶ ▶ ▶ １人当たりの GDP と GDP に占めるサービス産業の割合

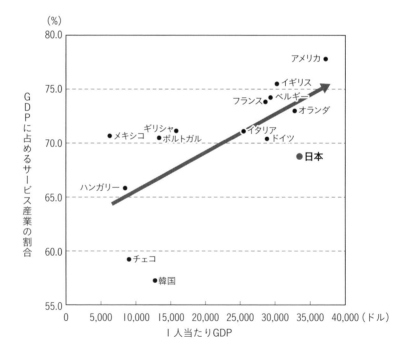

出所：上林［2007］。

1つの特徴が明らかになるのです。それは，各国の1人当たりの GDP とサービス・セクターの割合は，特に欧米諸国においてほぼ正の相関を示しているのに対し，日本はサービス・セクターの比率が相対的に低い状態にあったのです。そのため，日本にはまだまだサービス・セクターの成長の余地があると言われてきたのです。

1.2 日本のサービス・セクターが抱える課題

しかし，日本のサービス・セクターをめぐっては，実は1つの課題を抱えています。それは，一般的にサービス・セクターの生産性が低いと言われていることです（ただし，注意しなければならないのは，すべての企業に当てはまるということではないということです）。

たとえば，サービス・セクターの典型的な職場である旅館や飲食店では，いまだ労働集約的な業務が残っていて，人が生産性の低い労働の担い手となっていることが少なくありません。掃除や運搬，食器洗いなど，人の手を介して行われることも多くあるからです。

しかし，このような付加価値の低い，単純かつ繰り返し業務は，必ずしも人が担う必要はないはずです。お掃除ロボットや運搬設備，あるいは，全自動食器洗い機を導入して，人は，人にしかできない付加価値の高い業務を担ったほうが，組織全体としての生産性が高くなるのです。

したがって，将来の日本の経済成長を考える上では，サービス・セクターの生産性をいかに高めるか，すなわち，いかに産業全体の価値を高めるのかが1つの重要な課題となるわけです。そのため，サービス・セクターの生産性を高めるイノベーションをいかにして興すのかの議論が重要なのです。

2 / サービスの特徴

2.1 サービスの4つの特性

　モノの取引と比較すると，サービスを取引する際にはある種の「困難性」に直面します。これは，しばしばサービス・セクターの領域で議論される，サービスの4つの特性を確認するとより明確になります。サービス取引の特性が，サービス・セクターに関わる主体に事業運営上の制約を与えていることが少なくないのです。

2.1.1 無形性

　サービスの取引は，モノの取引と異なり，取引する前にサービスの品質をスペックや客観的数値，あるいは，五感で確認することが簡単ではありません。このような性質を**無形性**と呼んでいます。したがって，これまで取引をしたことがない企業のサービスに対する事前の評価は簡単ではないのです。そのため，事前の期待が高かったにもかかわらず，実際のサービスがそれほどのものではなかった場合，サービスの品質評価に対する顧客と企業との間にギャップが発生することがあります。また，これとは逆に，それほど事前の期待をしていなかったサービスの取引に関して，意表を突かれた場合には，サービス品質に関する事後の満足度が高くなることもあります。

　したがって，サービスの品質をいかに消費者に的確に伝達し理解してもらうのかは，サービス事業主にとって極めて重要な事項となるわけです。そのため，サービスの取引においては，可視化する要素ともなり得る広告やブランド化，あるいは，事前の情報提供が重要な伝達手段であると言われています。

　また，実際に事業主とのサービス取引を行ったことがある消費者からの口コミも1つの有効な手段となります。レストランや宿泊施設を利用したユーザーにコメントやフィードバックを求められるのは，このためでもあります。一方で，このような情報は，新規のユーザーにとって，サービス取引を選定

するための貴重な判断材料となるのです。

2.1.2 消滅性

　サービスの取引に関する2つ目の特性は**消滅性**と言われるものです。サービス取引は，取引がなされなければ，その価値がそのまま消滅してしまうところから名付けられています。なぜなら，サービス取引は，在庫として蓄積しておくことができないためです。サービスを利用するユーザーがいなければ，企業がいくらサービスを提供する能力を持とうとも，利用されることがないままサービスそのものが消滅してしまうことになるのです。

　これは，企業にとっては，**機会損失**となってしまいます。機会損失とは，本来，サービスが消費されたのであれば手にすることができたであろう利益が，実際には得られなかったことを指しています。企業がサービスを提供する機会を用意しているのにもかかわらず，消費者がいないがために，サービスが実際に消費されないまま価値そのものが消滅してしまうのです。

　たとえば，成田空港からアメリカ・ニューヨークの JFK 空港にボーイング社製の航空機 777-300ER 型機（客席 264 席のタイプ）を運行する予定にしている航空会社は，たとえ予約座席数が 200 席であっても，フライト時刻になったら離陸しなければなりません。そして，一度離陸してしまうと，空席となってしまっている 64 席のサービスを提供する価値が消滅してしまうのです。本来であれば，提供することができた 64 席分のサービス取引が失われてしまい，これが，企業の機会損失となってしまうのです。

　そのため，サービスの価値が消滅しないよう，そして，機会損失をできるだけ減らすよう，企業はさまざまな対策をすることが求められているのです。同じサービス内容であったとしても予約する時期や時間によって価格が安くなることや，**閑散期**にはお得な特典が付くことがあります。これは，企業が機会損失が発生しそうなタイミングでサービスを消滅させないような対策を取っているということなのです。

2.1.3 変動性

　サービスは，取引がなされなければその価値が消滅してしまうという消滅性という特性を持っていましたが，これに関連して，**変動性**という特性もあわせ持っています。それは，時期や時間によってサービス取引の需要の変動が大きいことを指しています。

　サービス取引の需要が拡大することは企業にとって望ましいことですが，その一方で，サービスを提供できる供給量は限られています。先の飛行機の座席の事例で言えば，お盆休みやお正月休みは，同じ路線でボーイング 777-300ER 型機が満席の 264 名以上もの予約が入ることも少なくありません。しかし，この場合には航空会社が提供できるサービスは，最大でも 264 座席分しか提供できません。したがって，予約を受け付けたくても受け付けることができない状況が発生してしまうのです。

　その 1 つの解決方法として，企業は，**繁忙期**にはサービス価格を高く設定し，閑散期にはその価格を安く設定することで，繁忙期以外へのサービス需要の分散化を図ろうとするのです。企業は，このようにしてサービス需要の凸凹を回避して，できるだけサービス需要がなだらか（均一）になるサービス需要の**平準化**を実現させようとするのです。この様子を図示したものが**図表 11 - 2** になります。

2.1.4 同時性

　サービス取引における 4 つ目の特性は**同時性**と呼ばれるものです。サービス取引は，サービスの現場において顧客とスタッフである従業員とのやりとりが行われるという特徴を持っています。これを同時性と表しています。サービスの利用者である顧客とサービス提供者である企業のスタッフを別々に切り離すことができないことから不可分性と表現されることもあります。

　この同時性ゆえ，企業はさまざまな困難に直面することが少なくありません。なぜなら，あるスタッフが同じサービス品質を提供したとしても，サービスの受け手である顧客の受け取り方が異なることがあったり，同一価格で

図表 11 - 2 ▶ ▶ ▶ サービス需要の平準化

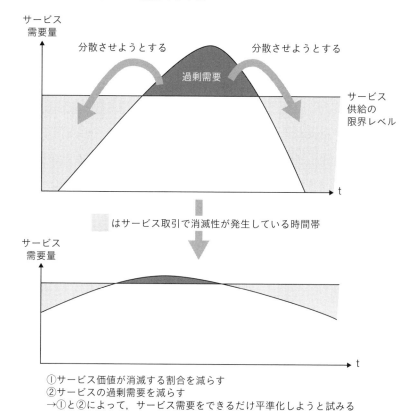

出所：筆者作成。

あるにもかかわらず，スタッフの習熟度によって微妙に提供する価値が異な
ったりすることがあるためです。

　サービス品質のばらつきを回避するために，企業は，スタッフに対して研
修マニュアルを作成してサービス品質の標準化を行うことや，機械化するな
どしてそもそもサービス品質のばらつきが発生しない体制を整備することも
あります。

　その逆の対策として，企業の経営方針を共有した上で訓練され，権限委譲
（エンパワーメント）された従業員スタッフが，多様な顧客ニーズに対して
きめ細かく，かつ，臨機応変に対応することで，高いサービス価値の提供を

競争優位にする企業もあります。この例として，ラグジュアリーホテル（最高級価格帯に分類されるホテル）として名高いリッツ・カールトンが挙げられます。リッツ・カールトンのサービス品質やマネジメント・システムの詳細については，伊藤・髙室［2010］の第4章で詳しく説明されています。

2.1.5 サービス特性の含意

以上のように，サービス取引には，4つの特性を内包しており，それらの特性ゆえに発生する「困難さ」に直面しています。改めて整理すると，その困難さとは，より具体的には，①事前にサービス品質を評価することが困難であること，②利用されなければ価値が消滅してしまうこと，③需要変動によって機会損失がしばしば発生してしまうこと，④サービス品質のばらつきが発生しやすいこと，です。

したがって，サービスを提供する主体である企業は，これらの内包する困難さを解決しつつ，提供するサービスの価値の最大化を目指し，高い付加価値を実現させる，すなわち，サービス・イノベーションを実現しなければならないのです。そのための仕組みづくりやビジネス・モデルの構築が求められるのです。

2.2 サービスのマーケティング・ミックス

サービスの特性以外にもう1つ，サービス取引を困難にすることを如実に表している枠組みがあります。それが**サービス・マーケティング・ミックス**です。

マーケティング・ミックスはもともと製造業がモノを売る仕組みとして提示され，「**マーケティングの4P**」と呼ばれることもあります。4Pとは，Pから始まる4つの単語（Product, Price, Promotion, Place）を要素として，それらの要素を組み合わせて製品を企画し，顧客に提供するまでのプロセスを検討するための枠組みです。

すなわち，この4Pの1つ1つを検討して，企業が製造する製品の企画

から消費者に届くまでの詳細を決定するのです。より具体的には，製品（Product）の特性と，価格帯（Price），販売促進（Promotion）の方法，そして，流通（Place）方法を検討するのです。これらの要素の組み合わせにおいて，一貫性を持たせることが重要であると言われています。

　ただし，サービス取引においては，この4Pの要素だけでは捉えきれないために，新たな要素が必要であるとして3つのP（People, Physical evidence, Process）が加えられました。サービス・セクターにおいて，サービス・マーケティング・ミックス，あるいは，**サービス・マーケティングの 7P** が重要であることが強調されるようになったのです。

　まず，サービス取引においては，人（People）の要素が重要であるという指摘がなされています。人的要素を考える上でのポイントは，スタッフである従業員の要素のみならず，サービスを提供する顧客ターゲットを決定する重要性も含まれているということです。

　次に，サービス取引は無形性であるという特性を補う物的な証拠・根拠（Physical evidence）を設定する必要性が指摘されています。これは，顧客がサービスの品質を見極める手掛かりとなるからです。より具体的には，店舗の雰囲気や設備の使用素材，照明の明るさ，BGM の選択などがこれに該当すると指摘されています。

　そして，プロセス（Process）は，サービスを提供する具体的なプロセスを指しています。サービス提供の手順や，バックヤードも含めたサービスを提供するための動線の確保もこれに含まれます。

3　サービスの生産性を高める可能性を持つフレームワーク

3.1　サービス・プロフィット・チェーン

　サービス・マーケティング・ミックス（サービス・マーケティングの7P）で確認されたサービス取引における人の要素を中核において，関係す

図表 11-3 ▶▶▶ サービス・プロフィット・チェーンの概念図

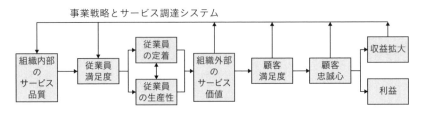

出所：Heskett *et al.* ［2008］を一部修正。

る人々の満足度や企業の収益性との関係性から導き出されたモデルが，**サービス・プロフィット・チェーン**と呼ばれるものです（**図表 11-3**）。

　サービス・プロフィット・チェーンは，まさしく，サービスが利益を生むための循環を表しています。その循環とは，組織内部で作られたサービス品質が**従業員満足度**に影響を与えて従業員の定着率と生産性に結びつき，それがサービスの対外的価値を決定するのみならず，**顧客満足度**や忠誠心にまで影響を及ぼし，企業業績を決定付けることを表しているのです。

　このモデルは，サービス品質が従業員満足度にプラスの影響を与えると，すべての要素がプラスに働く一方で，マイナスの影響を与えるのであれば，すべての要素はマイナスに働くことを同時に示しています。このプラスの循環に着目している企業は「顧客満足度（CS）は従業員満足度（ES）から」「CS=ES」として，従業員の満足度を高める仕組みを整備しているサービスを提供する企業は少なくありません。

3.2 　リレーションシップ・マーケティング

　サービスの生産性を考えるにあたり，サービスを提供する主体である企業と顧客との関係性に焦点を置いたフレームワークが**リレーションシップ・マーケティング**です。サービス取引において企業が既存顧客との関係性を重要視する理由の１つは，新たに新規顧客を獲得するよりも，特定の顧客と長期的な関係を構築して繰り返し利用してもらうことのほうが，企業の長期的利

益に結びつくとの考えからです。すなわち，企業は，顧客がサービスの取引によって得た満足度が顧客の忠誠心に結びついて，それが長期的な繰り返しのサービス取引につながると期待するのです。

この考え方は，企業にとっての利益を確保する手段となるのみならず，顧客にとってもメリットがあります。それは，顧客は，当該企業のサービスの品質について熟知している上（それゆえ，提供されるサービス品質に対して期待外れに陥るというリスクが低下するのです），顧客はそれぞれのニーズや特性，要望に応じたサービスを企業から受けることができるために，顧客が安心してサービスを受けることができるからです。

リレーションシップ・マーケティングのより具体的な実践方法として，顧客を共通の属性や取引頻度で分類して働きかけることや，1人1人の顧客に対して双方向の関係性を構築する One to One マーケティングなどがあります。会員カードがダイヤモンドやプラチナ，ゴールド，シルバー，ブロンズなどで分類されているのは，顧客の属性を区別する1つの手法なのです。また，居酒屋チェーンのなかには，来店頻度に応じてポイントカードが「出世」していくシステムを導入しているところもありますが（最初にこの制度を導入したのは，エー・ピーカンパニーが運営する居酒屋チェーンの「塚田農場」だと言われています），これもその1つの手段として位置付けられているのです。

4 ／ サービスの生産性を高めた ビジネス・システム

4.1 ▶ 機会費用を極限まで低下させたビジネス・システム

「本格的なフレンチ・レストラン」と聞くと，「高そう」と思うかもしれません。しかし，トリュフやフォアグラなどの高級食材を使った本格的なフレンチ・レストランであるにもかかわらず，誰もがあっと驚く低価格で提供している企業があります。まさに「バカな」（吉原［2014］）と思う事業を展

開しているその企業が，俺の株式会社です。イタリアン・レストランから始まった同社は，フレンチや焼肉，焼き鳥，割烹など，さまざまな食の業態に展開しています。

　同社のビジネス・システムは，ミシュランガイドで星が付いているレストランで働いた経験がある料理人をヘッドハントして，原価を度外視して，料理人が使いたい高級食材を惜しげもなくふんだんに使ってもらいます。そのため，料理人は大変喜びます。高級食材を使って自分たちがプロフェッショナルとして提供したいと思う料理が自由に作れるのですから，料理人のモチベーションは上がります(その結果,離職率も下がります)。しかし，一方で，当然のことながら，食材の原価率は65％にもなってしまうそうです。一般的な飲食店の食材の原価率が2割から3割と言われていることから考えても，「バカな」(同)と思われる比率です。

　しかし，同社は，あっと驚くビジネス・システムを構築しました。それは，1品当たりの価格を安く抑えることで集客効果を狙ったのです。そのため，混雑時には時間制限を設けました。当初は，立食形式で出店していたので，来店客の滞在時間も「本格的なフレンチ・レストラン」と比べると，圧倒的に短いのです。

　確かに，立食であったり，滞在時間が短いことで来店客は多少不便を感じるかもしれません。しかし，圧倒的に安い価格で高級料理に舌鼓を打つことができるので，来店客もまた，高い満足度を得るのです。

　こうして，同社は1日の来店客の回転率を高めるのに成功しました。そのため，営業時間内の回転率は1日3～4回にまでなるそうです（坂本・福田［2014］）。高級フレンチ・レストランの回転率は1日1回程度であることを鑑みると，同社は，機会費用を極限にまで低下させることに成功したのです。

4.2　サービスの省力化と効率化を追求したビジネス・システム

　格安航空会社（low cost carrier：LCC）と聞くと，すでに市場はレッド・オーシャン（Kim and Mauborgne［2015］）化しており，今さら，新たなサ

ービス・イノベーションの事例とはみなさないかもしれません。しかし，航空業界にLCCというイノベーションを興したと言われる欧州のライアン航空（Ryanair）とサウスウエスト航空（Southwest Airlines）は，当初，大手航空会社とは異なったビジネス・システムを構築し，低価格でビジネスが成立する仕組みを作り上げたのです。本項では，サウスウエスト航空（Freiberg and Freiberg［1996］）のビジネス・システムを例に挙げて説明します。

　一般的な大手航空会社は，「**ハブ＆スポークス**」（"hub and spokes"）という方式を採用しています。これは，地方空港（スポークとなる空港／複数あるのでスポークスという表現になります）から搭乗した顧客を，乗り継ぎするための大きな空港（ハブ空港）に一度集め，そこからそれぞれのハブ空港に航空機を飛ばす方式です。これによって，航空会社は，ハブ空港間の航空機の空席率を下げ，できるだけ満席にして機会損失を回避することができたのです。

　このビジネス・システムを成立させるために，大手の航空会社は複数のタイプの飛行機を保有しています。地方空港からハブ空港までは小型・中型機を用いるのに対して，ハブ空港間は大型機を用いて，事業の最適化を図っていたのです。

　しかし，サウスウエスト航空は，この大手航空会社のビジネス・システムの「常識」を疑ったのです。なぜなら，確かにハブ空港方式を採用すると，ハブ空港間の輸送を満席に近い状態して航空機を飛ばすことはできるものの，いくつかの非効率な点があることに気がついたのです。それは，①ハブ空港では，地方空港から乗り継いでくる乗客を待つために，ハブ空港における航空機の待機時間が長くなること，②待機時間が長くなることによって乗務員の業務に非効率な空きの時間ができてしまうこと，③待機時間が長くなればなるほど経費がかさんでしまうこと，でした。

　待機時間が長くなることによって加算される経費とは，具体的には，乗務員の人件費や待機時間に要する燃料費用，空港で駐機する空港使用料（空港の利用システムでは，駐機時間に応じて利用料がチャージされるため，待機時間が長いほど空港使用料が求められます），遅れて到着する便に乗り継ぐ

顧客のために追加で準備することになるゲートの費用などがあったのです。

　また，サウスウエスト航空は，ハブ＆スポークス方式を採用すると，さまざまな大きさの種類の航空機を用意しなければならないことにも着目しました。実は，航空機の操縦士は，同時に複数の機種を操縦することができないことになっている上，整備に関しても機種ごとの認定を受ける必要があるのです。複数の航空機を採用すると，増やした機種それぞれに応じた操縦士や整備の資格が必要となってしまうのです。

　そのため，同社では，使用する航空機の機体をボーイング737型機の1機種に絞り込むことで，どの操縦士でも操縦できることや，整備に係る資格取得も1機種で済むこと，操縦士や整備士，客室乗務員らのスタッフは，ボーイング737型機のオペレーションの訓練に集中することができると考えたのです。

　そして，使用機材をボーイング737型機の1機種に絞り込んだことにより，保守部品の種類も少なくなったために管理がしやすく，結果的に，管理コストを下げることに成功したのです。そして，1機種だけを大量に購入するわけですから，航空機購入に際して商談を有利に進めることが可能になったのです。

　さらに，新たに構築しようとしたビジネス・システムの効果を最大限に高めるために，フライトで結ぶ拠点についても吟味しました。顧客の利便性を考えると，わざわざ遠回りして航空機を乗り継いで最終目的地に到着するハブ＆スポークス方式ではなく，搭乗需要が高そうな短距離・中距離間を直接結ぶ空港の拠点を割り出したのです。

　実は，大きな空港を利用すると，ピークタイムには，航空機が離陸するための「順番待ち」に時間を要することが少なくありません（朝の羽田空港の滑走路において，離陸待ちの航空機が行列を作っているのを見たことがある読者もいるかもしれません）。そこで，同社は，たとえ空港の設備がハブ空港ほど十分に整っていなくても街の中心部に近いこと，そして，航空機の混雑が少ない空港であることにこだわり，これらの空港間の就航を目指したのです。これが，ビジネス・パーソンの需要を捉えました。

これらのことから，サウスウエスト航空が構築したビジネス・システムは，①短距離・中距離間のフライトに限定して，②使用する航空機の機体の種類をボーイング社の737型機の1機種に絞り（この機種は，ボーイング社が発売する航空機の中でも，小型機で世界中のベストセラーになっている航空機です），③たとえ空港の設備が十分に整っていなくても空港の混雑が少ない（すなわち，大きな空港であれば，ほぼ必ず発生するテイクオフする航空機の順番待ちをする必要がない），かつ，町の中心部に近い空港間の就航を目指すことにしたのです。

　こうして，航空会社としての運航コストを極力低下させ，効率化を高めた競争力の高いビジネス・システムの構築に成功したのです。

　サウスウエスト航空については，その他の事業のオペレーション上の工夫や，サービス人材の育成や活用についてもたくさんの工夫と仕組みが埋め込まれています。この詳細については，Freiberg and Freiberg [1996] を参考にしてください。

Working　　　　　　　　　　　　　　　　　　　調べてみよう

1. サービスの生産性向上に成功した事例を挙げ，成功要因を整理してみよう。
2. 同じ旅行会社の旅行プランで，お盆休み中の旅行料金と平日の旅行料金を比べてみよう。

Discussion　　　　　　　　　　　　　　　　　　　議論しよう

オフィス街のランチタイムで来店客が少ない11〜12時までと13時以降に来てもらう（変動性と消滅性による機会費用を低減させる）ために，経営者はどのような手段を取ればよいか議論しよう。

▶▶▶さらに学びたい人のために ────────

- 坂本孝・福井康夫 [2014]『俺のフィロソフィ―仕組みで勝って，人で圧勝する俺のイタリアンの成功哲学』商業界。
- Freiberg, K., and Freiberg, J. [1996] *Nuts!: Southwest Airlines' Crazy Recipe for Business and Personal Success*, Crown Business.（小幡照雄訳『破天荒！

サウスウエスト航空―驚愕の経営』日経 BP 社, 1997 年)
- Kotler, P., Hayes, T., and Bloom, P. N. [2002] *Marketing Professional Service*, 2nd Edition, Learning Network Direct.（白井義男監訳, 平林祥訳『コトラーのプロフェッショナル・サービス・マーケティング』ピアソン・デュケーション, 2002 年）
- Lovelock, C., and Wirtz, J. [2007] *Services Marketing: People, Technology, Strategy*, 6th Edition, Prentice-Hall.（白井義男監訳, 武田玲子訳『ラブロック＆ウィルツのサービス・マーケティング』2008 年）

参考文献

- 伊藤宗彦・髙室裕史編著［2010］『1 からのサービス経営』碩学舎。
- 上林憲行［2007］『サービスサイエンス入門―ICT 技術が牽引するビジネスイノベーション』オーム社。
- 吉原英樹［2014］『「バカな」と「なるほど」―経営成功の決め手！』PHP 研究所。
- Heskett, J. L., Jones, T. O., Loveman, G. W., Sasser, Jr. W.E., and Schlesinger, L. A. [2008] Putting the service profit chain to work, *Harvard Business Review*, July–August.（https://hbr.org/2008/07/putting-the-service-profit-chain-to-work）
- Kim, C., and Mauborgne, R. A. [2015] *Blue Ocean Strategy, Expanded Edition: How to Create Uncontested Market Space and Make the Competition Irrelevant*, Harvard Business Review Press.（入山章栄監訳, 有賀裕子訳『(新版) ブルー・オーシャン戦略―競争のない世界を創造する』ダイヤモンド社, 2015 年）

第12章 イノベーションと知財管理

Learning Points

▶知的財産権の基本的な種類を学びます。
▶知的財産権から利益を上げる方法を理解します。
▶知的財産権を用いた個別の企業の戦略を理解します。

Key Words

知的財産権　産業財産権　専有可能性　ライセンシング　ロイヤリティ
パテント・プール

1 法的に保護される知的財産

　すでにこれまでの章でイノベーションを多面的に捉えてきました。そのイノベーションの中で，発明や技術，ノウハウといった目に見えない無形資産が，企業が利益を得るために非常に重要な要因になっています。ヒト・モノ・カネ・情報という経営資源の4分類では情報に当てはまるものです。ヒト・モノ・カネは有形ですが，無形の要素も利益を上げるために貢献しているという視点が大切です。

　情報や無形資産というと広すぎますので，ここではもう少し狭くしましょう。**知的財産**とは，「企業がもつ知識や情報，スキル，能力などの総称」です(米山・渡部［2004］)。

　知的財産の管理を考える際には，管理する対象を明らかにする必要があります。管理する対象は，①法的に保護される知的財産と，②法的に保護されない知的財産の2つに大きく分けて捉えることができます。

特許という言葉は，よく耳にするでしょう。スマートフォンなどの技術に対する特許，あるいは，そのデザインを保護する**意匠**は，前者に当てはまります。一方で，人気のあるパティシエの技は修業によるノウハウの塊ですが，その技そのものを法的な知的財産権として保護することはできません。ただし，これらの知的財産は，保護されていてもいなくても，それぞれが企業の利益に貢献しています。

　知的財産権として法的に保護されると何が良いのでしょうか。特許権を得ることで排他的にその発明を利用することができることが挙げられます。言い換えると，合法的に競合相手にその発明を利用させないことで競争を有利に進めることができるわけです。

　しかし良いことばかりではありません。自社だけが排他的にそれらを利用できる代わりに，特許制度を通じて発明や技術が公開されることになります。

　この章で扱う知的財産というテーマは，法学や経営学や経済学などの幅広い領域を横断しています。それぞれの立場がありますが，ここでは，経営学やイノベーションの立場から知的財産管理について考えていきます。なお，ここで知的財産管理とは，「知的財産権から利益を得るための方法」とします。

2 　産業財産権とその関連領域

　知的財産権は細かくみていけば多岐にわたります。これらの中でも，経営やイノベーション領域で，頻出する4つを順にみていきましょう。①特許，②実用新案，③意匠，④商標の4つです。これらの4つは，知的財産権の中でも**産業財産権**と呼ばれています（図表12－1）。

　そもそも出願して権利として保護されるという前提がなければ，知的財産はすべて漏れないように隠していくという管理方法しか選択肢がありません。保護されるものと保護されないものという区分があって，ようやく何を権利化して保護するのか，何を秘匿しておくのかという選択が可能になります。

　そこで前提として，最初に何が制度として保護されているのかを確認して

おきましょう。

2.1　特　許

　特許は，知的財産のうちの，**発明**を保護するためのものです。少し難しいですが次のように定義されています。特許とは，「特許法第2条に規定される発明，すなわち，自然法則を利用した技術的思想の創作のうち高度のもの」とされています（特許庁ウェブサイト）。分かりやすいように，スマートフォンの例で言えば，電池などの部材やそれらを動かすプログラムなどが特許によって保護されています（特許庁ウェブサイト）。

　出願された特許は，特許庁の審査を経て認められれば特許として登録されます。特許が保護される期間は出願から20年です。特許制度は，技術の情報を開示する代わりに排他的に利用することを認める制度ですから，排他的に利益を得られる期間が限られているわけです。保護されている期間中は権利を持っている者に無断で，同じ発明を利用することはできません。特許権を侵害された場合には，裁判所などを通してそれをやめさせる手段がありま

図表 12−1 ▷▷▷産業財産権とは

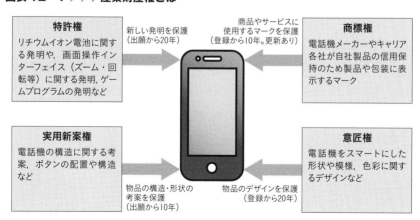

出所：特許庁ウェブサイト（https://www.jpo.go.jp/system/patent/gaiyo/seidogaiyo/chizai01.html）。

す。

　しかし，特許権が切れてしまったら，その発明は誰が使ってもよいということになります。競合他社が利用してもそれをやめさせる手段はありません。20年経過しても，市場が十分に利益が上げられるほど魅力的であれば，競合他社が市場に参入してくるかもしれません。

　典型的な例としては，ジェネリック医薬品があります。医薬品の研究開発には多大な投資が必要です。そのため，医薬品の成分は特許によって保護されています。その期間は，開発に成功した企業が利益を回収できるようになっているわけです。ところが，それが終わると同じ成分を使った医薬品を競合他社が販売することができます。

2.2　実用新案

　実用新案は，形状や構造を保護するためのものです。特許と実用新案の違いは，技術思想の高度さです。実用新案は特許ほど高度を求められていません。実用新案とは，「実用新案法第2条，第3条に規定される考案，すなわち，自然法則を利用した技術的思想の創作であって，物品の形状，構造又は組合せに係るもの」です（特許庁ウェブサイト）。スマートフォンの例では，電話機本体の構造やボタンの構造などが実用新案によって保護されています（特許庁ウェブサイト）。

　出願された実用新案は，特許庁の審査はなしに，原則として登録されます。特許に比べれば，審査されることなしに登録されるので容易です。しかし，保護される期間は出願から10年と相対的に短く，また，権利を侵害された場合に実用新案技術評価書を具体的に示して警告をする必要があります。その意味で，競争相手を封じる効果は特許に比べると限定的です。

2.3　意　匠

　意匠は，デザインを保護するためのものです。意匠とは，「意匠法第2条

に規定される意匠，すなわち，物品（物品の部分を含む。）の形状，模様若しくは色彩又はこれらの結合であって視覚を通じて美感を起こさせるもの」です（特許庁ウェブサイト）。スマートフォンの例では，電話機本体の形状，模様，色彩などのデザインが意匠権によって保護されています（特許庁ウェブサイト）。

　出願された意匠は，特許庁の審査を経て認められれば登録されます。保護される期間は，登録から 20 年です。デザインが似ているかどうかを判断するのは容易ではありません。スマートフォンでも一見すると違いが分からないほど類似していると感じる人が多いでしょう。スマートフォンのメーカー間での訴訟が大きく取り上げられたので印象に残っているかもしれません。しかし，実際には，日本では意匠権の侵害訴訟は特許に比べれば非常に少ないです。

　日米では少しデザインの保護制度は異なりますが，アップル社は，意匠に似ているアメリカの「デザインパテント」で店舗の外観を丸ごと出願したとして話題になりました。ガラス張りの特徴的な店舗デザインを模倣されたくないという意図でしょう。

　これは顧客との接点や顧客体験から違いを出そうというアップルの考え方が反映されていると言われています。実際に，アップル社は日本の意匠として「包装用袋」，「商品陳列用キャビネット」などを出願しています。製品本体だけではなく，顧客は**カスタマージャーニー**として，アップルの製品全体を統一的に保護しようとしていることが見えてきます。

2.4 商　標

　商標は，ブランドを保護するためのものです。商標とは，「人の知覚によつて認識することができるもののうち，文字，図形，記号，立体的形状若しくは色彩又はこれらの結合，音その他政令で定めるもの」であって，業として商品を生産し，証明し若しくは譲渡する者がその商品について使用するもの，又は業として役務を提供し若しくは証明する者がその役務について使用

するものです（特許庁ウェブサイト）。

　商標法の条文が非常に長いため，分かりやすい定義を用いると，商標とは，「事業者が，自己（自社）の取り扱う商品・サービスを他人（他社）のものと区別するために使用するマーク（識別標識）」（特許庁ウェブサイト）です。スマートフォンの例では，社名だけではなく，Xperia，ギャラクシーといった商品名やその商品のロゴなどが商標権で保護されることになります（アップル社のスマートフォンの商品名については後述する）。加えて，文字や図形だけではなく立体も保護されます。たとえば，立体商標として登録されているものは，ホンダのスーパーカブ，ヤクルトやコカ・コーラの瓶，大隈重信の像などがあります。

　出願された商標は，特許庁の審査を経て認められれば登録されます。保護される期間は登録から10年ですが，何度も更新することができます。商標権は手続きとブランドの管理を適切に行えば無期限で利用できます。

　スマートフォンでも，顧客にとっては，技術的な差は見た目だけでは分かりません。とりわけ，技術が高度化すれば，顧客は本質的に技術の差を理解しにくくなります。内蔵されているアプリケーションのプログラムのコードが美しいからプロダクトの性能が優れているとも言えません。

　ここで重要なことは，顧客はどのように製品を評価するのかということです。意味的価値や経験価値（第13章を参照）といった，顧客の目につくものです。すなわち，他の商品との違いを示す識別機能が重要です。そこで，平成27年4月から，「動き商標，ホログラム商標，色彩のみからなる商標，音商標及び位置商標」も，商標登録ができるようになりました。CMのサウンドとして流れる，久光製薬のHisamitsu♬という音も登録されています。お気づきのように，ロゴや立体，音などを総合的に用いてどのように競合相手との違いを作るかが商標のポイントです。

2.4　著作権

　このようにみてきた特許や実用新案，意匠，商標といった産業財産権は，

サービス業よりも，製造業を前提にしているという印象を受けるでしょう。

　では，製造業ではない産業ではどのように知的財産を管理しているのでしょうか。たとえば，クールジャパンで注目を集めたコンテンツ産業の知的財産はどのように保護されているのでしょうか。

　アニメーションや映画といった産業も重要視されています。ただし，この産業では，技術的な発明や製品の構造あるいはデザインがあるわけではありません。こうしたコンテンツ産業の場合にも，それを生み出した創作者の権利は保護されます。

　知的財産の権利は，**著作権**として保護されているので，無断でアニメーションや映画のキャラクターを使ったグッズを販売したり，オンラインで流したりしてはいけないわけです。

　ぬいぐるみやタオル，弁当箱などを含めて関連グッズなどのタグをよくみると，「ライセンスされた製品」であることが表示されていることが分かります。著作権を侵害することがないように，権利者から許諾を得る必要があります。権利者は使用を許可することでライセンス料を得られます。著作権を利用して利益を上げられるわけです。

　たとえば，アニメーションを制作するには，先行投資が大きいわけですが，これを上映や放送，あるいは，メディアの販売，配信のみで回収すると利益が限られます。そこで，さまざまなグッズなどの二次利用によってさらに利益を回収します。コンビニエンスストアなどでアニメーションとタイアップした商品が期間限定のイベントをしているのを見たことがあるでしょう。

　著作権の保護期間は，環太平洋パートナーシップに関する包括的及び先進的な協定，つまり，TPP のことですが，これが発効したことによって著作者の死後 70 年となりました。映画の場合には，公表後 70 年です。

　著作権には出願といった特許庁への書類の提出は必要ありません。創作がなされた時点で権利が発生します。著作権もやはり切れてしまいます。そこでどのように著作権を長くしてもらうかが政治的な問題になることがあります。TPP 交渉でも保護期間について長い間交渉がありました。

　このように 4 つの出願が必要となる産業財産権と出願なしに付与される著

作権を整理すると，知的財産権を排他的に用いて競合企業を排除するために
どのようにこれらを使うのかが論点になります。しかし，場合によっては，
自社が独占的に用いているだけでは，市場が拡大するのが遅くなります。そ
うした場合には，他社や競争相手にも使ってもらうことで市場を早期に立ち
上げることも必要です。ですので，知的財産管理は経営戦略などの他の戦略
と一体的に考える必要があります。

　次節以降では知的財産管理と経営戦略や研究開発戦略，イノベーション・
マネジメントとの関係を広い文脈に位置付けてみましょう。

3 権利保護による利益の獲得

3.1 三位一体の知的財産のマネジメント

　知的財産が保護されるようになっているのは，目に見えないもののそれが
利益を生むためです。さらに言えば，有形資産よりも無形資産が企業価値を
規定する割合が大きくなっています。

　単に特許として権利化するだけではなく，そこから利益を出す，事業を継
続するという長期的な戦略が必要です。近年では，研究開発や経営戦略と同
時に知的財産戦略を捉えなければならないという意味で，三位一体の知的財
産のマネジメントという視点が重要になっています（丸山［2005］）。

　知的財産を生み出すためには，イノベーション活動が必要で，そこには膨
大な投資が必要です。「死の谷」を越えるために，倒産の危機を迎える企業
もあるでしょう。ですので，投資した利益を回収する必要があります。そし
て，権利は保護期間後に消滅してしまうわけですから次の権利を見つけてお
く必要があります。

　ですので，知的財産マネジメントは，単に特許やその出願のみに限りませ
ん。①知財の創造，②知財の権利化，③知財の活用，④知財の紛争処理，⑤
知財インフラの構築の5つとして体系的に整理されています（米山・渡部

［2004］，38頁）。このように，イノベーションを起こすことによって知財の創造を行うことが知財の権利化の前段階にあります。それを権利化してどのように利益を出し，どのように侵害から守り，継続させるのかがその後の段階です。

3.2 専有可能性

　知的財産から利益を得るということを考える際に，重要な概念は専有可能性です。専有可能性とは，「自ら起こしたイノベーションから，利益を得られる程度」です。前節までで確認してきたように，産業財産権や著作権によって，排他的に権利を利用することができます。繰り返しになりますが，競争相手は技術やブランドを利用できないわけですから，利益を独り占めできるように思われます。

　しかし実際にはそうとは言えません。イノベーションは興したものの，利益は得られなかった悲劇は世の中にあふれています。何度も出てくるスマートフォンの例で考えると，アップル社はスマートフォンをドミナント・デザインとして提示したイノベーターです。

　確かにアップル社はイノベーションを起こしました。利益率も日本のスマートフォンメーカーを上回っています。ところが，世界のシェアをみれば，韓国のサムスン社や中国の小米社など多数参入することで激しいシェア争いをしています。

　アップル社は知的財産権の保護制度を活用して，発明や技術の専有可能性を高めようとしています。ただしそうはいっても，あくまで可能性であり，絶対に崩れない占有が可能なわけではありません。他のスマートフォンメーカーは，うまく特許を回避して類似の性能を持つ製品を開発するかもしれませんし，交渉できるような特許を保有しているかもしれません。

　再び，製造業のモデルで説明してしまいましたので他のイノベーションも考えてみましょう。イノベーションというと，多岐にわたりますから，難しいときは基本の問題に立ち返りましょう。シュンペーターの整理では，①新

製品開発，②新生産方式，③新市場，④新資源，⑤新組織です。

このうち，知的財産の保護制度を利用して一定期間排他的に利用できるのは，①や②でしょう。③のように新市場を見つけ，そこでの地位を確保するためには商標を用いて顧客に指名されるブランドを構築しなければなりません。そうした場合でも類似したブランドが，イノベーションを起こした新市場に参入するかもしれません。

このようにみていくと，なにも特許などの知的財産権で保護される範囲のみならずイノベーションを起こしてもそこから自ら利益を回収できるとは限らないわけです。

単に出願すればよい，権利化すればよいということではないということです。ゆえに戦略との一体的な運用が求められています（丸山［2002］，久慈［2019］）。特定の技術の占有可能性を高めたが，それを使った最終製品が市場で求められるものでなければイノベーションの果実を得ることはできません。

3.3 産業特性と知的財産管理

知的財産権が，企業の利益にどの程度貢献するのかは，産業特性に依存します。医薬品産業では製品の特許による保護が利益に大きく貢献しています。一方で，流通業や飲食業ではチェーン店舗名の商標による保護だけでは十分に利益を上げることはできません。このように，産業によって大きな違いが見られます。

さらに，その産業の中で企業がどのようなビジネスモデルを持っているのかによっても異なるでしょう。たとえば，医薬品産業の場合には，研究開発型の先発薬メーカーと，後発品のジェネリック医薬品メーカーが混在しています。特許権を守ることで排他的に利益を上げる戦略と，特許権が消えることで競争によって利益を上げる戦略が混在しているわけです。前者にとっては，侵害を止めること，後者にとっては侵害しないことがポイントになります。さらに後者にとっては，同じジェネリック医薬品でも安定供給などの違

いをつくる差別化が重要です。

コンテンツ産業の場合には，たとえば，アニメーションの制作会社が自前で放送局や映画館，あるいは，タオル工場を持つわけにはいきません。タオルやお弁当箱の製造者に，キャラクターを使ってもらうことで使用料を得ています。

先ほどみたように，サービス業では，特許よりも商標や組織構成員の教育のほうが重要な知的財産です。一般に，サービス業では特許や実用新案は直接的に利益を上げるように貢献するわけではありません。一般的には侵害されないように，類似した商標を排除することに注力することでしょう。低価格居酒屋チェーン間で起こった訴訟はそうした典型例です。

産業ごと，企業ごとにこれほどの違いがあるため，全産業的に共通する知財管理戦略はありません。よって，次節では各論をみていきましょう。

4 / 知的財産と個別の戦略

産業ごと，企業ごとに違いはあると強調しましたが，共通する目的は，知的財産権を用いて利益を上げることです。これまでみてきたように，知的財産権を持っているだけ，あるいは権利化せずに何もかもを秘匿しているだけでは利益は上がりません。利益を上げるために，経営戦略や研究開発戦略と一体的に運用する必要があります。

この節では，やや各論になりますからすべての産業でみられる戦略ではありません。しかし，典型的に新聞で見聞きする知財戦略とそれによる利益の上げ方についてみておきましょう。

4.1 ライセンスとロイヤリティ

何か発明をして，それを特許として出願し登録されたとしましょう。この特許は，自社の事業で自ら実施しても良いのですが，必ず自社で実施すると

は限りません。他社に貸して他社の事業として実施することを許諾することによって、収入を得ることができます。他社に権利を貸すことをライセンス、そこから得られる収入をロイヤリティと言います。

　たとえば、大学は法人化後、特許の出願数を増やしています。しかし国立大学は自らが特許を実施することはほとんどありません。実際には、その特許を使う企業が現れて、企業が事業化することを期待しているわけです。実際に、オプジーボは大学での発明により製品化されました。あるいは、日本の中小企業の例としては、修正テープの特許があります。すでにこの特許は権利が消滅してしまっていますが、当時、発明した文具メーカーに大きな利益をもたらしました。この基本特許は非常に簡潔で明瞭でした。構造が簡単だったので、他の文具メーカーはどうしてもこの特許を回避することができなかったのです。よって他の文具メーカーは実施の許諾を得てこの特許を利用していました。

　以上のように、特許というと、ものづくりのみと思われるかもしれません。しかし、先に例に出したように、アニメーションや映画産業では著作権で保護されている原作のキャラクターを、Tシャツやタオル、人形といったさまざまなグッズにして利益を回収します。

　このようにものづくりだけではなくより広い意味での知的財産権を活用することで、利益を得る方法があるわけです。

　こうした個別の1つ1つのライセンスでは対応できない場合には、お互いにさまざまな特許を利用し合う**クロスライセンス**や業界全体で互いに特許を利用できる集合を作る**パテント・プール**といった方法によって互いの知的財産を侵害しないようにします。これは、主としてエレクトロニクス産業などで多い方法です。

　産業特性として、エレクトロニクス産業では、1つの製品に数千から数万の特許が関わってくる場合があります。その一部が競争相手の特許と重複してしまうこともあるため、同業者同士が侵害をしないように交渉しておきます。

　このように他社にライセンスすることでそこから収入を得るという稼ぎ方

は，さまざまな産業でみられています。

4.2 無償提供

　自分の事業で実施するにしても，他社に貸し出して他社の事業で実施するにしても，知的財産権に稼いでもらわないといけないと何度もこの節で説明してきました。しかし，よく考えると矛盾する知的財産戦略の事例がみられます。

　たとえば，トヨタ自動車の燃料電池車の特許の**無償提供**を発表しました。ここには，およそ5,000件を超える特許が含まれるとされています。あるいは，PayPay などで使われているデンソー QR コードも無償利用できる技術です。トヨタ自動車やデンソーは，多額の投資をした技術をなぜ提供するのでしょうか。競争相手に市場を取られてもよいのでしょうか？

　このように，あえて特許を他社へ無償で公開する，あるいは，有償でも低額で提供することがあります。最初に確認したように，特許は排他的に技術を利用できるようにすることで，事業の利益を上げるためのものです。では，なぜ，意図的に他社，場合によっては，競合企業に使わせるのでしょうか。

　この答えは，法的な保護制度だけをみていても分かりません。これは，経営戦略との関係で理解する必要があります。

　先の例に挙げた自動車産業では，1世紀にわたって参入がなかったとされています。しかし，テスラモーターズが参入し2021年時点で，時価総額で既存の自動車メーカーを上回っています。トヨタ自動車は，新世代の環境技術の1つとして考えられる電気自動車の技術と対峙して，自社の燃料電池車をどう標準化をするかという競争を考えているとされています。

　つまり，特許を無償で提供することで，電気自動車ではなく燃料電池車が次世代の環境技術の標準化となることを狙っているとされています。もちろん，トヨタ自動車は，これまでの「走る・曲がる・止まる」という自動車の基本的な特許は無償提供していません。知的財産権の一部を公開し，その他を非公開とするのは，オープン・クローズ戦略（第10章参照）の一種だと

考えることができます。

　自動車産業のメーカーは，ソフトウェア産業での競争相手の変化でIBM
の利益が激減していったという事例や日本のエレクトロニクス産業が衰退し
ていった歴史をみてきました。それらを他山の石として，産業全体でどのよ
うなエコシステムを形成するかはとても慎重に考えているとされています
（久慈［2019］）。

　経営学を通して過去の成功失敗の事例を学ぶことがいかに重要かを物語っ
ています。

4.3　企業の国際化と国際出願

　企業が他国の市場へ参入する場合，商社などを仲介せず，自社で行う国際
化は広くみられるようになってきました。進出先の国では本国とは異なる知
的財産制度となっており，同じ知的財産権のマネジメントが通用するわけで
はありません。

　知的財産権の保護制度は属地主義であり，国内法が優先されます。「世界
特許」のような制度はありません。ですので，日本で知的財産権として権利
化したとしても，それがアメリカや中国で自動的に保護されるわけではない
ので，追加的に各国で手続きを行う必要があります。

　その国で事業を行うことを決めている場合には，その国での法的保護制度
を前提にして知的財産権を管理する必要があります。各国で制度が異なれ
ば，適切な知的財産のマネジメント方法も各国で異なります。

　日本やアメリカでの知的財産マネジメントのあり方と中国やインドといっ
た新興国でのそれは異なります。国によっては特許として認められる範囲が
限定的であることもあります。あるいは，法の執行という観点では，現地の
当局は国内産業保護のために積極的でないかもしれません。

　こうした法的な保護制度の違いは，国際経営で，現実的に直面する難しい
問題です。有形資産よりも無形資産が企業の利益に貢献する時代になったか
らこそ，知的財産権を使って各国で稼ぐという姿勢を忘れてはいけません。

日本の企業の知財戦略だけではなく，進出先の企業の知財戦略からも学べます。

Working 調べてみよう

1. 身の回りにある製品やサービスが，どのように産業財産権で保護されているのかを調べてみよう。
2. 企業がどのようにして知的財産権の保護に取り組んでいるのか，INPIT（独立行政法人工業所有権情報・研修館）の知財総合支援窓口の事例で検索しよう。
3. 特許を無償開放している事例を調べ，なぜその企業がそのような特許戦略をとっているのかを考えてみよう。
4. アップル社は日本において iPhone の商標権をどのように管理しているでしょうか。

Discussion 議論しよう

1. 産業財産権や著作権で保護されない知的財産を使って稼ぐには，どのような経営戦略を立てればよいのかを議論しよう。
2. 山中伸弥先生は，なぜ iPS 細胞の特許出願をしたのでしょうか。これはイノベーションに与える影響としてどのような意図があったのでしょうか。

▶▶▶さらに学びたい人のために ────────

● 新井信昭［2016］『レシピ公開「伊右衛門」と絶対秘密「コカ・コーラ」，どっちが賢い？─特許・知財の最新常識』新潮社。
● 稲穂健市［2017］『楽しく学べる「知財」入門』講談社。
● 草間文彦［2017］『ロイヤルティの実務─ライセンスビジネスでの契約と監査のノウハウ』白桃書房。
● 小泉直樹［2010］『知的財産法入門』岩波書店。
● 渋谷高弘・IPL 経営戦略研究会［2019］『IP ランドスケープ経営戦略』日本経済新聞出版社。
● 鮫島正洋・小林誠［2016］『知財戦略のススメ─コモディティ化する時代に競争優位を築く』日経 BP 社。

●丸島儀一［2011］『知的財産戦略—技術で事業を強くするために』ダイヤモンド社。

参考文献

●石塚利博［2016］「戦略的知財マネジメント—三位一体の戦略的知財マネジメント」」『開発工学』35(2)，117-120.。

●久慈直登［2019］『経営戦略としての知財』CCC メディアハウス。

●特許庁ウェブサイト https://www.jpo.go.jp/

●一橋大学イノベーション研究センター編［2017］『イノベーション・マネジメント入門（第2版）』日本経済新聞出版社。

●丸島儀一［2002］『キヤノン特許部隊』光文社。

●米山茂美・渡部俊也［2004］『知財マネジメント入門』日本経済新聞社。

第**13**章 価値創造

第13章 価値創造

Learning Points

▶価値創造と価値獲得の違いと,役割と価値に関する歴史的な研究の流れを理解します。

▶価値の性質の1つの分類として機能的価値と意味的価値について理解します。

▶コモディティ化に打ち勝つための意味的価値の意義を理解します。

Key Words

価値創造　価値獲得　希少性　機能的価値　意味的価値　コモディティ化

1 価値とは常に変化するものである

　イノベーションとは,経済的な価値を生み出すための新結合であり,そもそも価値を生み出さなければイノベーションとは言えません。大阪大学の延岡健太郎教授は,企業は**価値創造**(Value Creation)を行うだけでなく,**価値獲得**(Value Capture)を行うことが必要であると指摘しています。

　価値創造とは,製品やサービスを企画し,実際に製品やサービスに作り上げるプロセスを指します。それに対して,価値獲得は作り上げた製品やサービスからどのように収益を得るかというプロセスを指します。これには,効率よく生産することで利益率を上げたり,より多く,あるいはより高く販売するためのマーケティングや営業の活動も含まれます。企業は何らかの価値を生み出しますが,それだけで終わりではなく,その価値を企業自身が享受することが必要だという考え方です。

217

価値創造と価値獲得のフレームワークはマサチューセッツ工科大学（MIT）スローンマネジメントスクールにおけるイノベーション・マネジメントの基本的な考え方です。では，ここで言う価値とはどういうものでしょうか。

　企業の成否は価値を生み出しそれを獲得できるかということにかかっているわけですが，そもそも何が価値なのかが分からなければ企業戦略の優劣も議論できません。企業の売上や利益，製品の価格といった定量的な指標は価値を示す代理変数となりうるものですが，価値＝価格というだけでは，価値の本質を理解したことになりません。なぜならば，価値とは常に一定の量を示すものではなく，絶えず変化するものだからです。価値とは一般的には必要性や役に立つことの程度だと考えることができますが，そこには主観が関わっています。主観的なものだからこそ変化するのです。

　たとえば，「美術品の価値」というものを考えてみましょう。芸術家はより高い価値のある美術品を作ろうとしますが，美術品の価値を決めるのは顧客です。その顧客には美に対する意識の違いや好みがあり，その価値評価は一様ではありません。より多くの支持を受ける美術品が一般的には普遍的な美の価値に近いものにはなりますが，本当に全員が支持するのではなく，相対的により多くの支持を受けたものがより価値が高い，と考えられるとすれば，美の価値とは相対的には語れても絶対的なものではないと言えます。

　また，極めてニッチなファンに高く評価されるような美術品もあります。このとき，美術品の価格は美の価値を測る重要な指標になり得ますが，評価する個人によって値付けは変わってきますし，先ほど述べたようなニッチな価値を持つ美術品が高値で取引されることもあります。

　もう１つ重要な要素は**希少性**です。同じものが１つしかない状態と，たくさんある状態では価値が変わってきます。絵画や彫刻は１つしかないから価値が高くなり，複数同じものが製作できる版画（リトグラフ）のほうが価値は低くなります。この差が希少性です。版画も希少性の価値を保つために一定数だけ印刷をしたら原盤を破壊するということも行われます。

　また，時間軸の変化によって同じ美術品でも価格が大きく変化することも

あります。ゴッホなどは生前，その作品の評価はあまり高くなかったと言われていますが，現在ではとても高額で作品が取引されています。

2 価値の定義の変遷

2.1 古典的な価値の議論

それでは，これまで価値とはどのように定義されてきたのでしょうか。たとえば，経済学における価値の定義の変遷をみてみましょう。古くは，アダム・スミスまで遡ると価値とは交換価値と**使用価値**に大別されるとしました。交換価値とは財と財の交換を行うときの相対的な比率を価値と捉えるという考え方であるのに対し，使用価値とはユーザー（使用者）の主観的な絶対的な価値と定義されました。しかし，使用価値は先に述べたように，ユーザーの主観に依存した定義なので，定量的に測定しにくいという問題があります。

そこで経済学的に分析可能なのは交換価値であると考えられたのです。その後，古典派経済学では，労働力も財との交換がなされるものだという考え方から，製品を開発生産するのに要した手間暇を価値の基準と考えました。これを**労働価値**と言います。労働価値とは，製品の開発に投入された労働力の総和として定量的に（数字によって）示すことができます。

2.2 限界効用価値

しかし，労働価値も正確に製品の価値を表しているとは言えません。なぜなら，労働価値の前提は技術や製品の開発により多くの人手と時間を使えば，価値は高くなるという考え方ですが，実際の製品の価値は技術力や開発にかけた時間だけでは決まらないからです。

アップルの iPhone が日本で初めて発売され人気を博した頃，日本には多くの携帯電話メーカーがありました。これらのメーカーはこぞって研究開発

にお金と時間をかけて，技術的に iPhone より優れている自慢のスマートフォンを世の中に送り出しましたが，これらの製品が顧客の心をつかむことはできず，結果的に多くの携帯電話メーカーが撤退しました。詳しくは後述しますが，iPhone の価値は，技術だけで決まるものではなかったからです。

また，単純に労働時間だけで価値を定義しようとすると，効率よく働く人より，ダラダラと時間をかけて働く人のほうが価値のある仕事をするということになり，これもまた不都合です。

そこで考えられたのが，**限界効用価値**です。限界効用とは，より1つ（1単位）多く消費されたときに増加する効用のことです。効用とは消費者が感じる満足度です。消費量が1単位増えたときに増加する効用は一定ではありません。

たとえば，筆箱と鉛筆を考えてみましょう。鉛筆は1本だけでは心もとないので，2本，3本と持っていたいでしょう。しかし，筆箱は1個で十分です。筆箱を2個，3個と持っていたいと思う人は少ないでしょう。いるとしたら筆箱マニアぐらいです。つまり，筆箱の消費量が1つ増えたときの効用は限りなく0に近くなりますが，鉛筆は2本目，3本目でも1本目と同様かそれに近い効用を持っていると考えられます。しかし，その鉛筆も筆箱に入りきらないほどの本数は必要ありません。つまり，追加的に増える効用は消費量の増加に伴って減っていきます。これが限界効用の考え方です。

限界（マージナル）という考え方は，経済学で限界効用や限界費用といった言葉で出てきますが，何を持って限界と言っているかよく分からずに用語だけ覚えている人も多いでしょう。そこで，他の例で説明しましょう。筆者は授業で限界効用の話をするときは決まって餃子の王将を例に挙げます。この際，大阪王将でも構いません。さて，夕ご飯を食べると仮定します。ただし餃子以外は頼んではいけません。このとき1皿で満足という人は少ないのではないでしょうか。2皿ぐらいは食べられると思います。1皿目は空腹で食べますのでかなり効用は高いはずです。でも満腹にはなりませんから，2皿目もそこそこ高い効用が得られます。しかし，1皿目ほどの効用はありません。次に，3皿目，まだいける人が多いでしょう。しかし，さらに効用は

減っているはずです。なぜなら，お腹も満たされてきましたし，同じものだけ食べていると飽きてくるからです。4皿目になると，もういらないという人が多いかもしれません。5皿目……もう無理……。

この話には2つの異なる限界という概念が出てきます。1つは「これ以上無理」という英語のリミット（Limit）の意味での限界です。もう1つ，限界という日本語には別の意味があり，英語で言うとマージナル（Marginal）という意味があります。余白とか不足分のような意味です。余白を空けることを「マージンをとる」と言ったりしますよね。あのマージンの形容詞形です。まだ餃子が食べられる状態，まだ餃子を食べられるお腹の余分なスペース，つまりお腹のマージンがマージナルのイメージです。限界というと前者の意味で捉える人が多いと思います。それが経済学用語としての限界の理解を苦しめているのです。限界のもう1つの意味であるマージンを理解すると，限界効用だけでなく，限界利益，限界費用といった経済学用語が理解しやすくなります。

話がそれましたが，限界効用は消費量を1単位増やしたときの効用ですが，2皿目，3皿目と，餃子から得られる効用は下がっているはずです。こうした限界効用が徐々に少なくなっていくことを**限界効用逓減**と言います。逓減とは徐々に減っていくということです。

このように考えると，製品やサービスごとに限界効用が異なります。この差を比較することで，製品間の価値の差を表すことができると考えられるのです。これが限界効用価値という考え方です。

3 価値の質を考える

3.1 機能的価値

さて，この節では少し視点を変えて，価値の質的な側面を考えてみましょう。経済学における価値の定義は価値を定量化（数字で表すこと）に腐心し

ていました。それは，価値を比較し，分析するためには数字であるほうが都合がよいからです。しかし，数字だけですべてが表されるわけではありません。生活必需品にかける1,000円と娯楽にかける1,000円では，同じ金額の消費ですが，その性質は大きく異なります。ここでは，その価値はどのような性質を持っているのか，という観点で価値を考えます。

これまで価値を決める重要な要素として，労働，希少性，限界効用といった事柄を述べてきました。これらの要素はお互いどのように関わっているでしょうか。供給側の理屈として，投入した労働量が増えれば，価値は上がる，むしろ価値が上がるように追加的な労働量を投入する必要があります。一方，消費者側の観点で考えれば，希少性が高いものは価値が高くなります。製品の供給量が増えれば限界効用は逓減するので価値も減少します。希少性と限界効用の話はどちらも数が増えると価値が減るということを示しています。

しかし，企業はより多くの製品を売ることでより多くの利益を得たいと考えます。あるいは数を増やさずに製品1つ当たりの販売価格を上げることで利益を増やしたいと考えます。限定生産や限定販売といった売り方をする製品は，こうした価値の希少性に着目して，より高い価値の製品を販売して利益を増やすやり方です。

もう1つの方法は，製品そのものに差をつけることで価値を上げようとする考え方です。たとえば，ダイソンの掃除機はサイクロン方式によってゴミだけを分別することができるので，ゴミ捨ても簡単という特徴を持ち，他社の掃除機よりも，吸引力が落ちにくいという特徴を持ち，他社製品よりも高い値段で売られていますし，その高い値段で買うお客さんがいます。より高い値段で買ったお客さんは，ダイソンの①ゴミ捨てが楽なサイクロン方式，②他社製品よりも吸引力が落ちにくい，という2つの製品の特徴に価値を感じています。①のサイクロン方式というのはダイソンの技術を示し，技術によって実現された「ゴミ捨てが楽」という特徴を機能と言います。機能とは製品が持つ役割のことです。また，②の特徴は，吸引力の持続時間という数字で他社製品との定量的な比較ができます。

こうした定量化された製品の特徴のことを性能と言います。つまり，機能が豊富で，性能が高い製品は，より価値の高い製品ということができます。このとき，機能や性能によってもたらされた付加価値のことを**機能的価値**と呼びます。

　機能や性能は技術によって生み出されます。20世紀に日本の家電メーカーは，テレビやビデオといった製品に多くの機能や性能を追加して機能的価値を高めることで競争優位性を獲得したのです。

3.2　意味的価値

　機能的価値は機能の数や性能といった定量的に比較可能な価値です。また，定量的に考えられるからこそ，機能的価値は客観的，論理的に捉えることができます。つまり，機能的価値とは，どの顧客であっても論理的に判断すれば同様の価値を認める客観的な価値ということができます。一方で，人間は感情の生き物ですから，すべての判断を論理的に行っているわけではありません。製品に対する価値の判断もその人の感性や情緒といった主観によってなされることもあります。

　たとえば，この章の始めに紹介した美術品の価値は機能的価値とは言えません。美術品そのものに何か機能が備わっているわけではありませんし，性能のように客観的に比較できる定量的な指標も持ち合わせていません。美術品の価値を決めるのは消費者の主観です。客観的な機能・性能によって比較できる機能的価値に対して，消費者の主観によって決まる価値を，感性価値，情緒的価値，**意味的価値**などと表現します。マーケティング学者のシュミットは，製品を使用する顧客の文脈から情緒的で定性的な価値が生まれるという考え方から**経験価値**という議論も行っています。

　ここでは先に挙げた延岡健太郎教授が示した意味的価値という概念で，こうした主観的な価値について説明しましょう。延岡教授の定義では，機能・性能といった客観的な価値基準によって価値の大小が決まる性質の価値を機能的価値と呼ぶのに対し，消費者が主観的に製品の意味付けを行うことによ

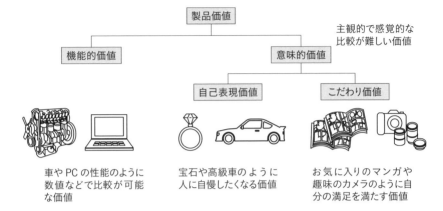

車や PC の性能のように
数値などで比較が可能
な価値

宝石や高級車のように
人に自慢したくなる価値

お気に入りのマンガや
趣味のカメラのように自
分の満足を満たす価値

ってもたらされる価値を意味的価値と呼んでいます。では，主観的な意味付けとはどのようなものでしょうか。主観的な意味付けは2通りあると言われています。

3.2.1 自己表現価値

　ある製品に対してステータス性を感じ，その製品を保有して他者よりも優越感を得られることができる場合，その他者に対して見せびらかしたい，自慢したいという欲求に対して価値を感じることを**自己表現価値**と呼んでいます。見せびらかしの価値と言ってもよいかもしれません。他者に向けて価値を誇示する性質の価値ですので，外向きの意味的価値と言ってもよいかもしれません。

　具体的な事例で考えてみましょう。

　一昔前の若者は，もてたい，格好つけたいという欲求からスポーツタイプの格好いい車を欲しいと感じていました。移動手段としての車であれば，同じ機能を持つ安い車もあったのですが，より高級な車，あるいはヨーロッパの高級自動車ブランドの車を買いたい，そうした車を所有することに見せびらかしの価値を感じていたのです。機能的には変わらないか，あるいは高機能が実質的に意味を持たなくても，所有欲をくすぐり，**ステータス性**を感じ

るので，高級車に対してより高い価値を感じていたのです。

　とはいえ，車に興味を持つ人が少なくなった今の若い世代の方にはピンと
こないかもしれません。これも意味的価値の重要なポイントの1つです。意
味的価値は，その価値が感覚的にしか理解できず，自分自身でもその良さを
説明できないような情緒的な価値であることが本質であり，みんながその価
値を理解し，差異化が図れなくなった時点で，意味的価値は消失してしまう
のです。

　別の例で考えましょう。これも少し古くなってきた例ですが，「スタバ（ス
ターバックスコーヒー）でアップルのマックを使って仕事をしている自分，
格好いい」という価値が自己表現価値だと言えば理解してもらえるでしょう
か。この場合の意味的価値は，スタバが単なるコーヒーとそれを飲む場所を
提供するという機能的価値だけでなく，スタバ独特のおしゃれな空間の提供
に価値を感じさせている，それが1つ目の意味的価値であり，もう1つは，
そこで仕事用の質実剛健なPCではなく，おしゃれなマックを使っている，
機能としては他のPCでも一緒なのにあえて高額なマックを，デザインや感
覚的な操作感に対して追加的な費用を払っている状態が，高い意味的価値が
あるのです。たぶん，本人に聞いても「自分は格好つけるためにお金を払っ
ている」とは決して認めないと思いますが，マックより安いWindowsパソ
コンであっても，やっていることはウェブやメールを見る，オフィスソフト
を使うくらいで，マックでなければならない機能的価値は少ないのではない
でしょうか。その意味的価値は，「スタバという空間でマックを操っている
自分」という姿を他者に見せることによって得られる価値なので，自己表現
価値なのです。

3.2.2　こだわり価値

　自己表現価値が，他者に理解してもらいたいという外向きの意味的価値で
あるのに対して，**こだわり価値**は自分自身の自己満足を満たす価値であり，
内向きの意味的価値と言えます。マニアックさを満たす価値と言ってもよい
かもしれません。

たとえば，お気に入りのアーティストや作家のCDや本，同じものを2つ買って1つは，聴いたり読んだりし，もう1つは未開封のまま保存する，といったマニアによるコレクションの購入などが，こだわり価値の一種と言えます。2つ買わないにせよ，たとえば，CDのような音楽メディアでは，デジタルメディアでの販売やストリーミング配信が普及してきた今日，CDのコンテンツだけではなく，パッケージのデザインや凝った内容のリーフレットがついてくるなど，物理的なメディアでコレクションしたくなるような価値を付加して購入を促そうとしています。初回限定版だけ特別なデザイン，といった売り方は，こだわり価値と価値の希少性の合わせ技で価値を高めていると言えます。

4 なぜ意味的価値が重要なのか

　意味的価値はこの章の一番重要なキーワードです。価値の質に着目して，消費者の主観や感性に訴えかける価値を生み出すことが，特に今日の産業において重要性を増してきているからです。それはなぜでしょうか。

4.1 技術進化とコモディティ化

　コモディティとは英語で日用品を意味します。日用品の多くは機能やブランドなどの付加的な価値の要素は少なく，市場での価格競争だけで購買意思が決定される製品です。洋服にこだわりのある人は，同じ機能であっても洋服のデザインやブランドを気にして洋服を購入すると思います。

　しかし，トイレットペーパーではどうでしょうか。お気に入りのトイレットペーパーのブランドがあり，それ以外は買わない，高くても必ず特定のブランドのトイレットペーパーを選んで買うという消費者は少ないのではないでしょうか（絶対いないとは言いませんが）。このように，安ければ何でもいいものがコモディティです。**コモディティ化**とは，これまで，製品差別化

戦略が有効であった製品が，日用品のように価格だけで買われてしまう状況になることを指しています。

多くのエレクトロニクス製品がそうでした。たとえば，テレビはかつて日本企業の得意な製品で，世界中に日本ブランドのテレビが輸出されていました。1980年代には，日本とアメリカの間で，日本の自動車やテレビの競争力が強すぎると貿易摩擦が生じたほどでした。しかし，今日では，日本のテレビメーカーの国際競争力はかなり低下しています。それはなぜでしょうか。

要因はさまざまありますが，大きなポイントとしては，基本的な機能・性能の向上が頭打ちしたということが挙げられます。20世紀のテレビはメーカー間の技術力の差によって，画質や付加機能など，機能的価値に大きな差があり，その差を消費者が認知できる状態でした。こうした状況では技術開発による機能・性能の向上は機能的価値の向上をもたらし，技術力が企業に収益をもたらしていました。

しかし21世紀に入って，液晶テレビの登場や，放送のデジタル化といったデジタル技術によって，テレビの基本性能が飛躍的に向上しました。そうすると，機能・性能の差はわずかになると同時に，一般消費者では認知できないハイレベルな差の競争になり，一般消費者にとっては無意味な開発競争になってしまったのです。そうすると，技術開発による機能・性能の向上は

図表13-2 ▶ ▶ ▶ 技術発展と顧客ニーズの頭打ち

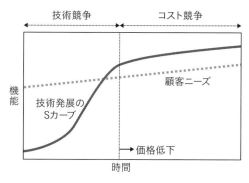

出所：延岡 [2008b]。

消費者にとって価値ではなくなり、いくら機能・性能を向上させても企業が儲からない状況が生まれたのです。

　日本にはあまり海外メーカーのテレビが多く参入していないこともあって分かりにくいかもしれませんが、アメリカや中国のようなテレビの一大市場では、世界中のテレビメーカーの熾烈な価格競争が起こり、機能的価値を訴求しても消費者には響かず、より大画面のものをより安く買えればよいというコモディティ化に陥っています。

　これは、日本の製造業に大きなインパクトを与えました。従来、日本の製造業の強みは技術力にあり、技術の進化が製品の機能・性能の向上をもたらし、それが機能的価値として消費者に認められて、企業は収益化を図ってきました。しかし、今日、多くの製造業分野で、技術が機能・性能の向上をもたらしても企業に収益が入らない、つまり、価値創造はできていても価値獲得ができていない状況が生まれているのです。

　そこで、機能的価値だけでなく、高い意味的価値を持った製品を市場に投入することで、企業の収益性を上げることが期待できます。

図表 13-3 ▶▶▶意味的価値による付加価値

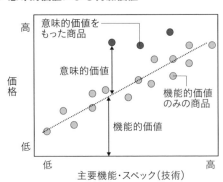

出所：延岡 [2011]。

4.2 価値の総合性

　エレクトロニクスよりも早く，機能的価値が頭打ちし，意味的価値の創造にシフトした産業が自動車産業でした。自動車産業は，21世紀になってハイブリッド車や電気自動車が登場するまでの何十年もの間，ガソリン車やディーゼル車といった内燃機関の技術で動く自動車の時代が続き，基本技術の変化が非常に少なかった産業です。

　T型フォードの時代からハイブリッド車への変化までの数十年の間，自動車は一貫して内燃機関の技術でした。音楽を聴く技術がレコードからテープ，カセット，CD，MD，デジタルプレーヤーと全く素性の異なる技術に何度も変化していったのに比べると，大きな技術的な変革が少なかった産業と言えます。だからこそ，機能的価値ではなく，意味的価値による差別化が早かった産業でもあります。同じ自動車の基盤技術（基本シャーシ）の上に，デザインや用途の異なるさまざまな製品ラインアップを生み出し，それぞれの自動車に異なる消費者による意味付けを与えてきました。

　こうした意味的価値を生み出すポイントは，**商品企画**と**デザイン**です。新しい製品のコンセプトや優れたデザインが，消費者の感性や主観に訴えかけ，意味的価値を高めてきたのです。エレクトロニクスを始めさまざまな産業で技術進化の頭打ちとコモディティ化が進む中で意味的価値創造の役割は大きくなっています。

　しかし，意味的価値を重視することは技術軽視と同義ではありません。1990年代終わりの日産は，新規の技術開発が中止され，その代わりにデザイン開発に注力しました。この戦略は当初は成功を収めます。ユニークなデザインの車が消費者の心をつかんだのです。しかし，長年にわたってエンジンなどの技術開発を行わなかったため，「日産は見た目は良いけど，中身は古いんでしょ」と消費者に思われるようになり，日産は急遽，技術開発に注力し，新型フェアレディZという日産の技術の象徴的な車種を開発して，技術イメージを取り戻しました。

　このように，機能的価値と意味的価値はどちらか一方だけを選ぶというト

図表 13 - 4 ▶ ▶ ▶製品の価値＝機能的価値と意味的価値の合計

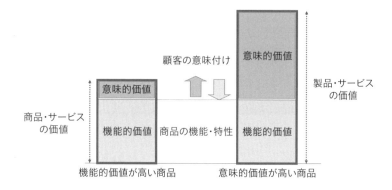

出所：延岡［2008c］。

レードオフの関係にあるのではなく，機能的価値に加えて意味的価値の向上
によってより高い価値を生み出すことが求められます。製品の価値は，簡単
に言えば機能的価値と意味的価値の合計であると考えてもよいでしょう（図
表 13 - 4）。

　この例が示すことは，機能的価値と意味的価値は両者のバランスが重要で
あるということです。また，高い機能はそれ自体がステータス性を持ち，意
味的価値にもなり得るのです。一方，当初意味的価値と思われていた価値も
時間経過とともに，その意味付けが広く共有化され平準化されると，機能的
価値と同じ，比較可能な客観的な価値に変化することもあります。短期的に
は機能と意味のバランスを取りながら，長期的には，意味的価値の機能的価
値への転換に備えて，新しい意味的価値の創造という価値創造のメンテナン
スを行う必要があるのです。

1. 輸入車はなぜ国産車より割高なのか考えてみよう。

2. 機能的価値だけで価値創造ができなくなった理由を考えてみよう。

意味的価値の高い製品やサービスの事例を議論しよう。

▶▶▶さらに学びたい人のために

- 長内厚・榊原清則 [2012] 『アフターマーケット戦略』白桃書房。
- 延岡健太郎 [2008a] 『MOT［技術経営］入門』日本経済新聞社。
- 延岡健太郎 [2011] 『価値づくり経営の論理―日本製造業の生きる道』日本経済新聞出版社。
- Schmitt, B. H. [2003] *Customer Experience Management: A Revolutionary Approach to Connecting with Your Customers.* Hoboken, NJ: John Wiley & Sons. (嶋村和恵訳『感性価値マネジメント』ダイヤモンド社, 2004 年)

参 考 文 献

- 榊原清則・香山晋 [2006] 『イノベーションと競争優位』NTT 出版。
- 延岡健太郎 [2006] 「意味的価値の創造―コモディティ化を回避するものづくり」『国民経済雑誌』194(6), 1-14。
- 延岡健太郎 [2008b] 「ものづくりにおける深層の付加価値創造―組織能力の積み重ねと意味的価値のマネジメント」RIETI Discussion Paper Series 08-J-006。
- 延岡健太郎 [2008c] 「価値づくりの技術経営―意味的価値の創造とマネジメント」一橋大学イノベーション研究センター・ワーキングペーパー, IIR Working Paper WP#08-05。
- Schmitt, B. H. [1999] Experiential marketing. *Journal of Marketing Management,* 15 (1-3), 53-67.

索　引

か

さ

236

237

▶著者紹介 ━━━━━━━━━━━━━━━━━━━━━━━━━━━━━━━

長内 厚 （おさない あつし）　　　　　　　　第 3，5，7，13 章

早稲田大学大学院経営管理研究科教授。京都大学博士（経済学）。
1997 年　京都大学経済学部経済学科卒業
1997 年　ソニー株式会社入社（〜 2007 年）
2004 年　筑波大学大学院ビジネス科学研究科博士前期課程経営システム科学
　　　　専攻修了
2007 年　京都大学大学院経済学研究科ビジネス科学専攻博士後期課程修了
2007 年　神戸大学経済経営研究所准教授
2011 年　早稲田大学大学院商学研究科准教授
2016 年　早稲田大学大学院経営管理研究科教授
主著：『読まずにわかる！「経営学」イラスト講義』宝島社，2020 年，『台湾
エレクトロニクス産業のものづくり』共編著，白桃書房，2014 年，『アフタ
ーマーケット戦略』共編著，白桃書房，2012 年。

水野 由香里 （みずの ゆかり）　　　　　　　第 1，2，6，10，11 章

立命館大学大学院経営管理研究科教授。東北大学博士（経営学）。
1998 年　聖心女子大学文学部歴史社会学科卒業
2000 年　一橋大学大学院商学研究科修士課程修了
2005 年　一橋大学大学院商学研究科博士後期課程単位修得退学
2005 年　独立行政法人中小企業基盤整備機構リサーチャー
2007 年　西武文理大学サービス経営学部専任講師
2013 年　西武文理大学サービス経営学部准教授
2016 年　国士舘大学経営学部准教授
2018 年　国士舘大学経営学部教授
2021 年　立命館大学大学院経営管理研究科教授
主著：『小規模組織の特性を活かすイノベーションのマネジメント』碩学舎，
2015 年（中小企業研究奨励賞），『戦略は「組織の強さ」に従う―"日本的経営"
と小規模組織の生きる道』中央経済社，2018 年，『レジリエンスと経営戦略
―レジリエンス研究の系譜と経営学的意義』白桃書房，2019 年。

中本 龍市 (なかもと りゅういち)　　　　　　　　　　　　第 4，12 章

九州大学経済学研究院産業・企業システム部門准教授。京都大学博士(経済学)。
2006 年　京都大学経済学部経営学科卒業
2008 年　京都大学大学院経済学研究科修士課程修了
2012 年　京都大学大学院経済学研究科指導認定退学
2011 年　公益財団法人医療科学研究所研究員
2012 年　椙山女学園大学現代マネジメント学部専任講師
2018 年　九州大学経済学研究院准教授
主著:「顧客ポートフォリオと個人の成果:特許事務所の弁理士を題材に」『研究 技術 計画』33 (1) pp. 65-72，2018 年。

鈴木 信貴 (すずき のぶたか)　　　　　　　　　　　　　　第 8，9 章

長岡技術科学大学大学院情報・経営システム系准教授。京都大学博士(経済学)。
1999 年　学習院大学法学部政治学科卒業
2006 年　京都大学大学院経済学研究科修士課程修了
2009 年　京都大学大学院経済学研究科博士課程研究指導認定退学
2009 年　東京大学大学院経済学研究科ものづくり経営研究センター特任助教
2011 年　京都大学大学院医学研究科『医学領域』産学連携推進機構特定助教
2014 年　長岡技術科学大学大学院経営情報系（現情報・経営システム系）准教授
主著:「産業財の製品開発戦略」天野倫文・新宅純二郎・中川功一・大木清弘編『新興国市場戦略論』有斐閣，2015 年，所収。「複合加工機─複雑性に対応する技術融合とコーディネーション」藤本隆宏編『「人工物」複雑化の時代』有斐閣，2013 年，所収。

イノベーション・マネジメント

2021年8月25日　第1版第1刷発行	
2023年8月15日　第1版第2刷発行	

<table>
<tr><td>著　者</td><td>長　内　　　厚</td></tr>
<tr><td></td><td>水　野　由　香　里</td></tr>
<tr><td></td><td>中　本　龍　市</td></tr>
<tr><td></td><td>鈴　木　信　貴</td></tr>
<tr><td>発行者</td><td>山　本　　　継</td></tr>
<tr><td>発行所</td><td>㈱中央経済社</td></tr>
<tr><td>発売元</td><td>㈱中央経済グループ
パブリッシング</td></tr>
</table>

〒101-0051　東京都千代田区神田神保町1-35
電話　03 (3293) 3371 (編集代表)
　　　03 (3293) 3381 (営業代表)
https://www.chuokeizai.co.jp
印刷／文唱堂印刷㈱
製本／誠　製　本㈱

©2021
Printed in Japan

＊頁の「欠落」や「順序違い」などがありましたらお取り替えいた
しますので発売元までご送付ください。(送料小社負担)
ISBN978-4-502-39351-8 C3034